Rebecca Dernelle-Fischer

Und dann kam Pia

Druck und Bindung des vorliegenden Buches erfolgten in Deutschland

*Das verwendete Papier ist FSC-zertifiziert. Als unabhängige,
gemeinnützige, nichtstaatliche Organisation hat sich der* Forest
Stewardship Council *(FSC) die Förderung des verantwortungsvollen
und nachhaltigen Umgangs mit den Wäldern der Welt zum Ziel gesetzt*

Die Deutsche Bibliothek verzeichnet diese Publikation in der
Deutschen Nationalbibliografie; detaillierte bibliografische
Daten sind im Internet über www.d-nb.de abrufbar

Lektorat: Dr. Thomas Baumann
Umschlaggestaltung: spoon design, Olaf Johannson
Umschlagbild sowie Bilder innen: Rebecca Dernelle-Fischer,
Christoph Fischer, Christophe Leclercq (S. 48), Manfred Fischer
und Claudia Müller (S. 9)
Satz: Neufeld Verlag
Herstellung: CPI – Clausen & Bosse, Leck

© 2017 Neufeld Verlag Schwarzenfeld
ISBN 978-3-86256-077-6, Bestell-Nummer 590 077

Nachdruck und Vervielfältigung, auch auszugsweise,
nur mit Genehmigung des Verlages

www.neufeld-verlag.de / www.neufeld-verlag.ch

Bleiben Sie auf dem Laufenden:
newsletter.neufeld-verlag.de
www.**facebook**.com/NeufeldVerlag
www.neufeld-verlag.de/**blog**

NEUFELD VERLAG

Rebecca Dernelle-Fischer

Und dann kam Pia

Du hast uns gerade noch gefehlt!

NEUFELD VERLAG

À Ann-Céline, Emma et Pia,
Vous aimer c'est vivre.

Inhalt

Vorwort von Adrian Plass

ZU ZWEI MENSCHEN, DIE UNTER dem litten, was wir
»Lernbehinderung« nennen, hatte ich eine besonders enge
Beziehung. Einer war ein real existierender Mensch namens
Paul und der andere eine literarische Figur namens Hartley,
der in meinen Gedanken zum Leben erwachte, weil meine Frau
Bridget und ich unseren lieben Freund Paul so sehr mochten
und bewunderten.

Als Paul im vergangenen Jahr starb, reisten wir vom Norden
Englands herunter in den Süden, um seine spärlich besuchte
Beerdigungsfeier zu leiten. In der kleinen Kapelle waren viel-
leicht acht Personen anwesend, aber darunter befanden sich
Leute, die diesen wunderbaren Mann gekannt, geliebt und
bewundert hatten. Wir haben uns so gefreut, dass sie kamen.
Einen Moment lang hatten Bridget und ich die Sorge, dass wir
in dem Zeitfenster der zwanzig kurzen Minuten, die uns das
Krematorium gewährt hatte, zugleich Pastoren und Gemeinde
darzustellen hätten.

Wir trafen Paul Mitte der achtziger Jahre, als er einen epilep-
tischen Anfall direkt in der Straße vor unserem Haus hatte. Wir
halfen, so gut wir konnten, und drei Tage danach besuchte er
uns, um sich dafür zu bedanken. Paul dachte, wir hätten etwas
für ihn getan, aber wie wir bald merkten, gab Gott uns eines

der kostbarsten und nachhaltigsten Geschenke, die wir jemals empfingen. Dieser unser neuer Freund wurde als Mensch mit einer Behinderung eingestuft. Das mag in mancherlei Hinsicht zutreffend gewesen sein, aber seine besonderen Fähigkeiten überstiegen seine Bedürfnisse oder Begrenzungen bei weitem und glichen sie mehr als aus. Er war ganz einfach die freundlichste, loyalste, liebevollste und beständigste Person, die wir jemals das Vorrecht hatten, unseren Freund zu nennen. Mehr als zwanzig Jahre lang besuchte er unser Zuhause jeden Mittwochabend und blieb für ein paar Stunden, ließ seinen Rekorder laufen, hörte Musik oder bastelte mit mir an Gedichten herum. Manchmal fuhren Bridget und er mit dem Auto nach Beachy Head (einer Landspitze bei Eastbourne), um Lieder zu erfinden und »interessante und wunderbare Dinge zu entdecken«, während sie den Sonnenuntergang betrachteten.

Als wir 2008 in den Norden zogen, um die Wiederbelebung des *Scargill House* in Yorkshire zu unterstützen, war es ein qualvolles Opfer, Paul zurückzulassen. Ich dachte, ich war längst mehr oder weniger versöhnt mit dem Verlust dieser Beziehung, aber während unsere kleine Trauerfeier rasch ablief, zerbrach etwas in mir. Unser sehr guter Freund war gegangen, nicht in eine teakholzumrahmte Nische hinter einem düsteren Vorhang, sondern an einen Ort, wo Liebe und Treue hoch geschätzt und auf Arten belohnt werden, die Paul sich niemals hat erträumen lassen. Für jetzt haben wir ihn verloren und das tut weh, aber das Beste liegt noch vor uns.

Hartley, die Romanfigur in meinem Buch *Ein Außerirdischer im Kirchenschiff*, wurde von Paul inspiriert, und von der anhaltenden Wut in meinen geistlichen Eingeweiden über die dumme Weigerung, die manche Teil der christlichen Kirche an den Tag legen, die klare göttliche Anweisung anzuerkennen und ihr gemäß zu leben, dass die Größten im Königreich Gottes nicht anhand der Kriterien dieser Welt ausgewählt werden.

Adrian Plass mit Pia und ihren Eltern.

Genau deswegen ist Rebeccas Buch, und mehr noch: Rebeccas Leben mit Pia so wichtig. Es wird Zeit, dass wir, die wir uns Nachfolger von Jesus nennen, uns demütig eingestehen, dass wir nicht besonders hilfreich dabei waren, die Welt auf den Kopf zu stellen. Paul und Pia sind Sterne am Firmament von Gottes zärtlichster Liebe. Entdecken Sie ihr Strahlen.

Bitte verstehen Sie mich nicht falsch. Rebecca ist selbst ein Werk im Werden. Faszinierend und fehlerhaft. Sie hat viele Facetten und keine davon ist wirklich perfekt, definitiv sollte keine verkümmern. Ich weiß, dass sie ein sehr intensives Gespräch mit ihrem Leben hatte, das ihr gezeigt hat, dass die Vergangenheit und die Gegenwart – mit den schwierigen Erfahrungen – wichtige Bestandteile einer Zukunft sein werden, die wohl ein paar alte Noten aufgreift, aber dann ganz sicher Akkorde mit neuer Zuversicht und Lebendigkeit erklingen lassen wird.

Lesen Sie die Geschichte von Rebecca und Pia. Sie ist fast ebenso unwiderstehlich und lebhaft wie die beiden. Anmut, Lachen und Tränen im Überfluss. Begleiten Sie sie auf der Reise. Sie sind willkommen!

Adrian Plass

9

»Mama, erzähl weiter, was passiert noch?«

MEINE MAMA HAT IMMER SEHR gerne wahre Geschichten gelesen, von früher, von Frauen, die anders tickten, von Familien mit vielen Kindern, von Missionaren in großer Gefahr oder im Kulturschock... Bücher, die vom Leben erzählten, besonders auch von ganz normalen Leuten, die etwas Wunderbares mit Gott erlebten. Oft kamen diese Bücher per Post, direkt aus der Schweiz, von meiner Tante geschickt. Was für eine Freude, als sie endlich ankamen! Mamas erster Reflex war immer, mal schnell das letzte Kapitel zu lesen. Ende gut? Alles gut! Das brachte meinen Vater immer ein bisschen auf die Palme, weil er ebenfalls Bücher liebt. Er liest auch gerne, aber »bitte eine Seite nach der anderen« (sogar das Kleingedruckte wird achtungsvoll gelesen).

Damals konnte ich noch kein Deutsch und so waren diese Bücher für mich wie verschlossene Schatzkisten. Aber ich fragte nach und meine Mama erzählte immer wieder davon und es schmeckte mir gut.

Heute bin ich selber groß und kann diese Bücher allein lesen (auch auf Deutsch und ohne im letzten Kapitel nachzuschauen). Aber noch mehr, heute schreibe ich selber über unser buntes Leben mit einem besonderen Gott und drei Kindern, davon eines mit einem kleinen Extra, um es mit euch zu teilen!

»Und dann kam Pia. Du hast uns gerade noch gefehlt!«

Ihr werdet sehen, dieses Buch ist keine Anleitung, wie man ein Kind mit Down-Syndrom adoptiert, es ist auch kein theologisches Buch, wie man Gottes Stimme hört, es geht nicht um Erziehungsprinzipien und auch nicht um die Frage, wie man seine Berufung findet. Es ist ganz einfach eine Einladung, auf eine Reise zu gehen, den Spuren zu folgen, die uns zu Pia gebracht haben. Ihr könnt dabei Gottes Augenzwinkern erhaschen, mit uns fiebern, lachen und vielleicht auch nachdenken.

Kurz gesagt: Dieses Buch ist eine Schnitzeljagd! Eine romantische Komödie, die sich in drei Teilen entfaltet: die vielen kleinen Schritte am Anfang, die Achterbahnfahrt der Gefühle in der Mitte und am Schluss die große Liebe.

Ich wünsche dir eine gute Reise!

I. Schritt für Schritt ins Abenteuer

1. Was wäre mit einer Adoption?

ES WAR EIN MORGEN MITTEN in der Woche. Ich hatte den Fernseher angemacht, ein paar Kanäle überflogen. Bis eine Sendung meine ganze Aufmerksamkeit gewann. Es musste Arte gewesen sein, oder TV5 monde, sicher kein lustiges Programm. Eine Frau wickelt liebevoll ein kleines Kind. Sie weint dabei. Sie nimmt es und der Rest der Familie verabschiedet sich. Ein Taxi fährt durch weites Land, in Osteuropa vermutlich, das Kind ist eingeschlafen, die Frau ist traurig. Es folgt ein Treffen in einem kalten Gebäude und die Frau geht weg. Und man sieht, wie am selben Abend dieses kleine Kind in einem Hotel allein in einem großen Bett schläft. Einem viel zu großen Bett. Aber jetzt hat es eine neue Familie, für immer. Ein Paar spricht ununterbrochen auf Englisch mit seinem neuen Baby, seinem Adoptivkind. Freude erfüllt diese frischgebackenen Eltern: Sie haben gerade das größte Geschenk bekommen, das es geben kann. Die Frau am Anfang war die Pflegemutter. Sie hatte dieses Kind wochen-, vielleicht monatelang versorgt. Ob sie sich auch freuen kann? Ob sie mitten im Trennungsstress Hoffnung für ein Kind und für ein Ehepaar empfinden kann? Die Sendung hatte mich gefesselt. Es gab fast keinen Dialog, keine Erklärungen bei dieser Reportage, fast nur Bilder, Eindrücke, Gefühle. Gefühle, die mich packten, Tränen und eine neue Last, die auf meinem Herzen lag. Ich konnte nicht anders als weinen. Mein ganzes Wesen sagte: »Bitte lasst mich dieses Kind in den Schlaf wiegen, ich werde es nicht loslassen, bis es sicher einschläft.«

Damals hatten wir schon zwei Töchter, Ann-Céline (vier Jahre alt) und Emma (zwei Jahre alt). Es war 2008, im November oder Dezember. Mein schöner Lebensplan, den ich in Form einer Excel-Tabelle gebracht hatte, sah drei Kinder vor, alle zwei Jahre eines. Jetzt waren wir dran: Zeit für die Planung unseres dritten Kindes. Unfassbar, wie man das Unplanbare so gut planen möchte. Aber ganz ehrlich, ich war schon am Limit mit meinen zwei großen Töchtern. Und auch die Schwangerschaften und Geburten hatten eher einen komischen Geschmack bei mir hinterlassen. Ob ich wirklich noch ein Kind wollte? Mein Körper war müde, mein Kopf voller Fragen. Wollte ich noch einen Kaiserschnitt erleben? Warum können nicht einfach Männer schwanger werden? Ich war nicht mehr sicher – drei? Ja doch, gerne, ein drittes Kind, aber bitte, ohne schwanger zu sein, ohne Geburt, am liebsten auch schon ein Jahr alt (und gut erzogen). Langsam breitete sich in mir eine andere Art von Fragen aus: »Es gibt ja schon so viele Kinder auf dieser Welt, auch so viele Babys, die leiden, die keine Familie haben. Und wir haben schon so viel Gutes geschenkt bekommen. Könnten wir davon etwas teilen?« Etwas in mir sagte immer wieder und immer lauter: »Und was wäre mit einer Adoption?« Nicht, dass ich nie dran gedacht hätte. Als Teenager hatte ich immer gesagt: »Wenn ich keine Kinder bekommen kann, werde ich eines adoptieren.« Das klingt sehr naiv und blauäugig, aber ich kannte Adoptiveltern und Adoptivkinder, in meinem Studium hatten wir das Thema auch lange besprochen. Für mich war es ein Weg, nichts Besonderes, auch nicht unbedingt einfach, aber ein Weg, der sich lohnen würde.

Meinen Kopf voll mit dieser Idee, fing ich an, über Liebe nachzudenken. Würde ich ein Kind lieben können, das ich nicht ausgetragen habe? Könnte ich ein Kind aufnehmen, das nicht von mir ist, und es mit allem sättigen, was es braucht? Würde es genug sein? Ich trug die Frage mit mir herum, in der Gemeinde, auf dem Spielplatz, beim Einkaufen, beim Einschlafen ... Und es war auf dem Spielplatz, mit der kleinen Jasemina im Arm, durch die Worte ihrer Mama, als ich eine Antwort fand. Diese junge Frau, mit ihrem sehr gebrochenen Deutsch, war damals erst seit zwei Jahren in Deutschland. In ihrem Land hatte sie den Krieg erlebt, aber auch ganz viel Wärme, schöne Traditionen, wovon sie immer gerne redete. Unsere großen Kinder waren in derselben Klasse und so hatten wir uns kennengelernt. An dem Tag musste sie sich schnell um ihre zwei Jungs kümmern und ich nahm Jasemina auf meinen Arm. Ich redete mit der Kleinen, ging mit ihr auf und ab, massierte ihre Füße. Plötzlich fing ich an nachzudenken, beobachtete, wie ich reagierte. Könnte ich ein fremdes Kind lieben? So sehr lieben wie meine eigenen? Jasemina strahlte Ruhe und Zufriedenheit aus. Ihre Mama kam zurück und sagte: »In meinem Land sagt man: ›Babys können in Herzen lesen‹ ... Du hast ein großes Herz, Rebecca.« Und in mir sagte etwas ganz leise: »Ja, die Liebe würde reichen.«

Wie ein Ohrwurm setzte sich der Gedanke an eine Adoption in mir fest und allmählich war ich soweit, dass ich es mit jemandem besprechen konnte. Ich wollte meine Idee prüfen, bevor ich mit meinem Mann Christoph darüber sprach. Es war nach einem Gottesdienst im Januar 2009. Ich stand im Babyraum mit einem unserer besten Freunde, Hans-Martin. Damals war er Arzt auf der Kinderstation im Krankenhaus unserer Stadt.

Ich fragte ihn dann aus dem Nichts: »Hans-Martin, nehmen wir an, wir würden gerne adoptieren, würden sie uns ein Kind geben?« Ich hatte keine Ahnung, wer diese »Sie« sein sollten. Ich hatte mehr Fragen als Antworten, ich stellte diese Frage und wartete auf ein Echo, irgendetwas. Zwischen »Neee, vergiss es« über »Ja, auf alle Fälle« bis zu »Geht es dir nicht gut, Rebecca?«. Ich wollte meine Gedanken klären. Und er schaute mich an und sagte sofort lachend: »Ja klar, ihr würdet ein Kind kriegen, sicher.« An diesem Tag fragte ich Christoph im Auto: »Christoph, was wäre, wenn wir unser drittes Kind adoptieren würden?« Das gefiel ihm gleich und er reagierte sehr positiv auf meine Erklärungen. Und auf dem Weg nahm er meine Hand und ich höre immer noch seine Worte: »Ich habe dich so lieb, meine kleine Frau.«

Am gleichen Abend hatte mein Mann schon so viel über Adoption gegoogelt, dass er mir sagen konnte: »Morgen rufe ich das Jugendamt an, der Prozess ist lange und es ist sinnvoll, wenn wir uns gleich bei denen melden. Die sind auch dafür da, um uns zu helfen, diese Entscheidung zu treffen.« Und so machte er es auch. Ich komme mit den Ideen, aber Christoph ist unser Motor. Ah, dieser erster Anruf! Irgendwie wussten wir schon, dass wir uns für eine Inlands-Adoption bewerben wollten, und Christoph hatte schon ein paar Fragen im Kopf: Wie lange dauert der Prozess, wie funktioniert es in unserem Landkreis, und so weiter. Nach diesem ersten Anruf sagte mir mein Mann direkt, was Sache war: »Rebecca, die Dame war eindeutig, eine Inlands-Adoption ist so selten wie ein Sechser im Lotto.« Da waren wir beide einverstanden: »Ah ja, das passt doch gut zu uns!« Und schon hatten wir einen Schritt auf dem Weg gemacht. Und wir sagten zu Gott: »Wenn du uns ein Kind geben willst, dann wird sich die Statistik schon anpassen, wenn

nicht, dann haben wir es einfach versucht.« Das war am 12.
Januar 2009.

Die Dame vom Jugend-
amt hatte versprochen, sich
zu melden, sobald es wieder
einen Informationsabend
über Adoptionen gäbe. Wir
warteten eine Weile auf
ein Lebenszeichen, einen
Termin, irgendetwas. Bei
uns wuchs peu à peu das
Gefühl, dass die Adop-
tion unser Weg war. Wir
betrachteten und genos-

*Emma und Ann-Céline: ein echtes
Team!*

sen Ann-Céline und Emma, dankbar, unfassbar dankbar, für
unsere Lebenslage. Einen Infoabend verpassten wir, weil der
Termin bei uns schon verplant war. Es dauerte Monate und
brauchte ein paar Anrufe, um den nächsten Termin zu bekommen. *Warten* – vielleicht war es eine gute Schule. Weil das
Warten ein treuer Begleiter bis zum Ende des Prozesses bleiben
würde. Geduld haben, sich immer wieder zu melden und dabei
nicht in diesem Warten zu versinken, sondern das Leben zu
leben, wann und wie es geschieht. Warten und damit zufrieden sein. Es gab noch fast niemanden, der von unseren Plänen
wusste, wir waren einfach zu zweit unterwegs und waren es
so gerne! Und tatsächlich haben wir fast zwei Jahre auf diesen
Termin gewartet.

Im Oktober 2010 war es endlich soweit. Wir kamen erhobenen Hauptes zum Jugendamt, aufgeregt, neugierig und bereit,
»ein Kind in Not zu retten«. Zwei erfahrene Sozialarbeiterinnen sollten uns die Grundlagen des Adoptionsprozesses erklä-

Unsere Familie im Dezember 2009: Ann-Céline und Emma und in unse-ren Herzen der Wunsch nach einem dritten Kind.

ren. Auch andere Ehepaare waren da. Wir fingen mit einer Vorstellungsrunde an. Die anderen Ehepaare erklärten nacheinander, wie sie auf die Idee gekommen waren, ich hörte oft: »Wir können keine Kinder bekommen…«. In mir machte sich eine neue Spannung breit. Was wollte ich hier? Mein Mann stellte uns schnell vor: »Rebecca und Christoph, wir haben zwei leibliche Kinder, würden aber gerne ein Kind adoptieren.« Der Termin war nicht besonders gut, ich saß wie auf heißen Kohlen. Christoph blieb wie immer locker und entspannt (während ich schon mindestens dreimal die Wand hätte hochklettern können). Die Informationen, die wir bekamen, konnte man in drei Sätzen unterbringen:

1) Es gibt keine Kinder zu adoptieren, außer ihr wollt ein schwer vermittelbares Kind.

2) Eine Adoption ist teuer, dauert lange und verläuft nie so, wie man es geplant hat.

3) Sie sollten lieber noch einmal darüber nachdenken.

Ich brauchte eine ganze Weile, um mich zu beruhigen. Innerlich war es stürmisch geworden. Eine Stimme sagte jetzt: »Wie könnt ihr nur ein Kind wollen, wenn ihr schon zwei habt, andere Paare haben keins!« Schuldgefühle – wir kamen als Helden, um die Welt zu retten, und gingen als halb besiegte, verträumte Leute. Da war mal wieder Christoph meine Rettung. Er sagte: »Wir machen weiter; wenn es ein Kind für uns gibt, dann wird schon alles klappen, sonst ist es auch gut.«

Zwischen dem, was man über Adoption denkt, und der Realität gibt es einen Grand Canyon, der sich mir nun auftat. Am härtesten zu begreifen bleibt für mich die Tatsache, dass es so wenige Kinder zu adoptieren gibt. In sieben Jahren hatte unser Landkreis eine einzige Inlands-Adoption vermittelt: eine! Die Ehepaare, die diesen Weg wählen, sind jedes Jahr zahlreicher als die Kinder, die zu vermitteln sind, ungefähr zwölf Ehepaare pro Kind: zwölf! Die internationalen Adoptionen kommen öfter vor, sind aber teuer, dauern lange und beinhalten viele ungewollte Überraschungen. Und eines schien uns auch irgendwie klar: Es gibt keine Abkürzung. Und ob ich es toll fand oder nicht, vor uns stand eine gründliche Überprüfung. Die Sozialarbeiter müssen schwierige Entscheidungen treffen. Es geht um Leben, um Kinder. Wir wussten, jetzt ist die Haltung dran, den Weg geduldig, mit einem Tick Demut und einem starken Herzen zu gehen, und dabei waren wir nicht einmal sicher, ob wir je ein Kind bekommen würden. Das Jugendamt hatte nicht ungeduldig auf uns gewartet, und es würde kein Kind geben, das direkt vom Himmel fallen würde. Niemand sagte eigentlich danke. Wir hatten zu danken. Wir mussten reifen und vertrauen: uns selbst, den Fachleuten, die wir treffen, Gott. Das war ein guter Zeitpunkt, um über unsere Motive und Ziele nachzudenken. Eine Bemerkung saß tief: »Es gibt praktisch keine Kinder, die zur Inlands-Adoption freigegeben sind. Außer wenn ihr bereit seid, ein Kind aufzunehmen, das vielleicht älter ist oder Geschwister hat, oder ein Kind, das behindert ist. Kinder, für die sich nicht so einfach eine Familie finden lässt.« Christoph und ich redeten nicht wirklich darüber, aber innerlich hatten diese Worte ein Echo gefunden. Wie hart die Realität sein kann. Während bis zu zwölf Eltern auf ein ungeborenes gesundes Baby warten, gibt es auch Kinder, die immer noch keine Papa und Mama haben. Die hoffen, dass jemand sagt: »Du gehörst zu uns.« Unsere Herzen nahmen langsam und selbstständig eine Wende, die unsere Adoptionsgeschichte grundsätzlich prägen würde.

2. Ein kleines Extra noch dazu

JA, DIE AUSSAGE, DASS ES Kinder gibt, die »schwer vermittelbar sind«, hatte uns erreicht. Und wie ein Same, der in fruchtbaren Boden gefallen ist, fing sie an zu wachsen. Was, wenn wir eines dieser Kinder aufnehmen würden?

Und was machen wir jetzt? Die Vorbereitungen für eine Adoption mit dem örtlichen Jugendamt waren lang und anspruchsvoll. Und dabei war die Chance, eines Tages ein Kind zu bekommen, sehr gering. Das alles wussten wir schon und trotzdem entschieden wir uns für das Weitergehen: Schritt für Schritt und voller Vertrauen. Und wir rechneten mit einem Gott, der uns auch stoppen kann, wenn wir uns irren. Wir meldeten uns beim Jugendamt mit der Bitte, uns den Termin für den nächsten Vorbereitungskurs mitzuteilen, sobald er feststehen würde. Wir warteten, ja, aber das Leben ging mit hohem Tempo weiter. Unsere zwei Kinder, meine Projekte, Christophs Arbeit als Pastor – alles lief normal weiter.

In jenem Jahr fuhr ich mit unseren zwei großen Mädchen Ann-Céline und Emma nach Belgien, um Silvester mit meinen Eltern zu feiern. Christoph blieb in Deutschland, um ein bisschen in Ruhe zu arbeiten. Das war immer ein guter Deal. Wir genossen es, zu dritt mit dem Zug zu reisen, und freuten uns besonders, an einem Familienfest am zweiten Januar teilzunehmen. Ein Treffen mit meinen Onkeln und Tanten, den Cousinen und noch mehr Verwandten. Dieses Fest werde ich wohl nicht so schnell vergessen.

Wir feierten zunächst Silvester, und als meine Mutter mich am Morgen grüßte, sagte sie: »Alles Gute für dieses Jahr, Gottes Segen und alles, was dein Herz sich wünscht.« In meinen Kopf schoss ein Gedanke, glasklar: »Ein Kind, ein Kind mit Behinderung.« 2011 fing mit einem sonderbaren Wunsch an: Ein Kind für uns, ein besonderes Kind.

Ich freute mich, meinen Cousin und seine Frau zu treffen. Beim Familienfest hatten wir genügend Zeit, um in Ruhe über das Thema Adoption zu reden. Sie haben selber zwei Kinder adoptiert. Es war ein schönes, fröhliches Fest, bis ... bis jemand zu mir rannte und sagte: »Es ist Emma was passiert, ein schweres Möbel ist auf sie gefallen.« Mein Herz raste – alles, wovor ich Angst hatte: Meinem Kind war etwas geschehen: ein Unfall. Mein Schwager trug sie in seinen Armen und gab sie mir. Sie war total erschrocken, ich auch. Ich beruhigte sie, trank mit einer Hand ein Glas Cola, um nicht in Ohnmacht zu fallen. Bruno, der sie unter dem Möbelstück gefunden hatte, hatte ein paar Millisekunden an das Schlimmste gedacht. Meine Tante betete für Emma und alle anderen halfen, wie sie konnten.

Anscheinend hatte Emma aber keine größere Verletzung, und wir fuhren selbst zum Krankenhaus. Mein Schwager und mein Bruder begleiteten uns. Die Kleine, die damals vier Jahre alt war, sah zuerst sehr schockiert aus, aber der junge Arzt war sehr liebevoll, und schnell fing Emma an zu erzählen und wieder munter zu sein. Er machte eine ganze Reihe Röntgenaufnahmen, bis er sich sicher war: »Alles ist gut. Die Kleine hat sich wahrscheinlich manche Muskeln geprellt, aber sonst hat sie nichts.«

Nichts?! Ich sagte Emma: »Gott hat einen Engel geschickt, um dich zu schützen. Und dieser Engel hat sich sicher zwischen dieses Möbelstück und dich gequetscht.« Die Idee fand sie ganz toll, und Jahre später erzählt sie immer noch davon. Wir konnten am selben Abend das Krankenhaus verlassen und ich beobachtete Emma während der Nacht (so wie der Arzt es mir empfohlen hatte). Ich schaute, wie sie neben mir schlief.

Und ich wusste erneut: »Es liegt nicht in deinen Händen, Rebecca. Du kannst noch so behutsam sein, jemand anderes entscheidet über Leben und Tod, Gesundheit und Krankheit... Es ist nicht unter deiner Kontrolle. Deine Kinder, die heute gesund sind, könnten morgen einen Unfall haben und behindert sein.« Ich hätte während dieser Nacht lange an alle Gefahren denken können. Die Liste von den »Was wäre, wenn?'s« in meinem Kopf: »Was, wenn ich Christoph hätte erklären müssen, dass unsere Emma großen Schaden behalten würde?« »Hätte ich sie bloß gebeten, in meiner Nähe zu spielen!« Und so weiter. Stattdessen ließ ich den Unfall hinter mir, ohne ihn zu analysieren. Ich wusste: Es ist nichts Schlimmes passiert. Emma geht es gut. Gott hat ihr Leben in der Hand. Dabei war mir bewusst: Unglück gibt es so viel auf dieser Erde, das hatte ich auch schon oft in meinem Leben mitbekommen. Wenn ich also nicht wissen kann, was die Zukunft bringt, wenn sie in Gottes Hand liegt, dann kann ich auch völlig vertrauen. Und was würde ich tun, wenn ich wirklich mit ihm rechnen würde? In dieser Nacht traf ich eine Entscheidung. Wenn ich Christoph sehen würde, würde ich ihn fragen, ob er sich vorstellen könnte, ein Kind mit Down-Syndrom zu adoptieren. Ich lag wach zwischen meinen beiden »gesunden« Kindern und wusste: Ein risikofreies Leben gibt es nicht. Und dann will ich auch bewusst etwas wagen.

Emma hinkte und weigerte sich in den nächsten Tagen, selber zu laufen. Vor uns stand eine Zugreise von mehreren Stunden und ich hatte ein mulmiges Gefühl dabei – das sich löste, als in Brüssel mein Zug nach Frankfurt storniert wurde. Ich rief Christoph an, und er sagte: »Alles klar, Rebecca, ich werde euch morgen mit dem Auto abholen.« Das mag ich besonders an ihm, seine Liebe sprudelt nur so vor Tatkraft. Am nächsten Tag kam er und ich musste mich zusammenreißen, um ihm nicht gleich zu sagen: »Christoph, ich will ein Kind mit Down-Syndrom adoptieren.« Als er gut angekommen war und seinen Laptop öffnete, um ein bisschen zu arbeiten, sagte ich ihm: »Christoph, ich habe eine verrückte Idee, du brauchst gar nicht gleich zu sagen, was du darüber denkst, aber…« Er schaute mich interessiert an. »Was wäre, ja, was wäre, wenn wir ein Kind mit Down-Syndrom adoptieren würden?« Ich erklärte ihm meine Gedanken über die Risiken im Leben und so weiter. Er sagte, dass er in den letzten Tagen genau über dieses Thema ein interessantes Kapitel in dem Buch *Anleitung für christliche Lebenskünstler* von Christian A. Schwarz gelesen habe: Man könne den Risiken des Lebens nicht entkommen, indem man manche Sachen nicht tue. Risiken seien Teil unseres Lebens, ob wir sie vermeiden wollten oder nicht.

Er ging an die Arbeit (dachte ich). Stattdessen fing er gleich an, seinen »besten Freund Google« nach näheren Informationen zu befragen. Er recherchierte über das Down-Syndrom, ohne mir davon zu erzählen.

Christoph wusste bereits grob, was Down-Syndrom (oder Trisomie 21) ist: Das 21. Chromosom ist dreifach statt doppelt vorhanden. Man wird damit geboren und es ist etwa nicht »heilbar«. Es ist auch keine Krankheit, sondern etwas, womit man eben lebt. Ein Extra mit alltäglichen Konsequenzen. Auch das besondere Aussehen war Christioph vertraut, die Herzfehler, mit denen die Hälfte dieser Kinder auf die Welt kommt, die langsamere Entwicklung. Aber was würde all das im Alltag bedeuten? Können Kinder mit Down-Syndrom zweisprachig kommunizieren? Christoph las sich durch das Thema; entdeckte auch einige Blogs, in denen Mamas berichteten. Ja, diese Kinder können viel lernen, erleben und sich ganz wunderbar entwickeln!

Nach einer Weile hob er den Kopf und sagte: »Rebecca, ich sehe nichts, was dagegen sprechen würde.« Bei ihm bedeutet so ein krummer Satz ein sehr klares Ja. Ich mag auch lieber: »Ja, Schatz, liebend gern«. Aber ich habe mich an diese Art von Antworten gewöhnt. Ich bin schon froh, dass er bei unserer Hochzeit auf die Frage: »Wollen Sie Rebecca Dernelle zur Ehefrau nehmen?« nicht: »Warum nicht?« geantwortet hat. Und jetzt waren wir uns beide einig: Wir werden bewusst ein Kind mit Behinderung adoptieren. Wir freuten uns. Der nächste Schritt war gemacht.

Wir fuhren zurück nach Deutschland und diese lange Fahrt gab uns wieder eine gute Möglichkeit, nachzudenken und zu reden. Plötzlich schien mir alles so »logisch«. Ich konnte einen roten Faden in meinem Leben erkennen. Die Erinnerungen

Spaß haben mit Freddo! Er hat Trisomie 21 – wie Magalie, Noël, Skylar, Dany... Sie sind meine Freunde und durch jeden von ihnen wurde ich reich beschenkt.

kamen eine nach der anderen zurück, Schritt für Schritt hatte mich Gott geführt und vorbereitet bis zu diesem Wunsch: »Ich möchte bitte ein Kind mit Down-Syndrom adoptieren, ich will es lieben, seine Mama werden.«

Während wir durch Belgien, Luxemburg, Frankreich und Deutschland fuhren, dachte ich an meine »besonderen Freunde« Magalie, Noël, Skylar, Freddo, Dany... Wie wenn der Prinz Dornröschen mit einem Kuss aufweckte, wachte in mir wieder diese tiefe Liebe zu Menschen mit geistiger Behinderung auf. Es ist für mich schwer zu erklären, warum mein Herz so schnell pocht, wenn ich einen Menschen mit Down-Syndrom treffe. Vielleicht ist es wirklich nur ein Geschenk von oben, vielleicht ist diese Liebe mit der Zeit gewachsen, vielleicht kann man wirklich nicht anders, als diese Menschen zu lieben, wenn man sie kennenlernt.

Stundenlang konnte ich mich in den Erinnerungen verlieren und sie neu bewerten. Ich sagte zu Christoph: »Es ergibt alles so viel Sinn; warum habe ich vorher nie daran gedacht?«

Magalie war das erste Kind mit Down-Syndrom, das ich wirklich kennenlernte. Sie kam jede zweite Woche zu uns nach Hause. Damals organisierte meine Mama eine Kinderstunde in unserem Wohnzimmer. Und es kamen immer mehr Kinder zu diesem »Club des enfants«. Es war nicht einfach gewesen, Magalies Mama zu überzeugen, dass auch ihre Tochter bei uns herzlich willkommen war. Aber dann durfte Magalie kommen. Ich war neun Jahre alt und meine Aufgabe war es, ein bisschen auf Magalie aufzupassen, und wenn die Geschichte zu lang war, spielte ich mit ihr.

Diese gemeinsamen Momente waren voller Leben und Entdeckungen. Sie mochte besonders, wenn ich mit ihr sang: »Haha, hihi, ich weiß, dass Jesus mich liebt«. Es war nicht immer einfach. Sie konnte sehr entschlossen sein, und dann auch sehr schnell handeln. Blitzartig hatte sie meine ganze Gesichtslotion ins Waschbecken geleert. Einmal wollte Magalie nicht mehr nach Hause gehen, und bevor jemand es bemerkt hatte, war sie zuerst auf unser Etagenbett geklettert und saß schließlich vergnügt im Schneidersitz auf dem Kleiderschrank (ein altes Holzmöbel mit Verzierungen und jetzt auch noch einem Kind obendrauf). »Magalie, komm doch, der Bus macht seine Runde und bringt dich zu deiner Mama.« »Nein«, lautete die Antwort. Ein sehr bewusstes und entschiedenes Nein.

Ich liebte sie von Herzen, genauso wie sie war, und sie gab mir ihre ganze Freundschaft zurück. Sie liebte großzügig und wir waren gerne Freundinnen. Es berührte mich tief und ich war so froh, dass ich Magalie sagen (oder eher singen) konnte, dass sie geliebt war. An einem Abend, ich muss elf Jahre alt gewesen sein und kannte Magalie inzwischen gut, machte ich Gott ein Versprechen. Ich dachte an alle die Kinder, die wie Magalie sind. Ich dachte: »Was ist, wenn ihnen keiner sagt, dass sie geliebt sind, so sehr geliebt, genauso wie sie sind?« Und mir kamen die Tränen. In meiner Bibel hatte ich gerade Jesaja 6, Vers 8 gelesen: »*Und ich hörte die Stimme des* HERRN, *dass er sprach:* ›*Wen soll ich senden? Wer will unser Bote sein?*‹ *Ich aber sprach:* ›*Hier bin ich; sende mich!*‹« Und ich dachte: »Herr, sende mich, ich möchte gehen.«

Aber wie so oft, wenn man etwas geben will, bekommt man noch mehr zurück. Ich wollte die Liebe von Jesus weitergeben und erlebte mit Noël, einem jungen Mann mit Down-Syndrom, etwas Einzigartiges. Es war während einer Teeniefreizeit. Noël war ein lebendiger Teilnehmer in unserer Gruppe. Eines Morgens, nach der Andacht, beteten wir alle zusammen. Als Noël anfing zu beten, schmolz mein Herz. Ich hatte noch nie jemand in dieser Art mit Jesus reden gehört. Er sprach, wie wenn Jesus unter seinem Stuhl sitzen oder hinter ihm stehen würde. Es war ein vertrauensvolles Gebet, es war lebendig, einfach, echt, total genial.

Diese Geschichten kannte Christoph längst. Ich brauchte ihm meine Erinnerungen nicht noch einmal zu erzählen. Er hatte mich auch oft mit meinen Freunden gesehen.

Als es Zeit für mich war, einen Ferienjob zu suchen, fand ich (mit großer Hilfe meiner Mama) eine Stelle in »Le Village n°1«. Da gab es Wohngruppen, eine Werkstatt, ein Beschäftigungszentrum. Eltern von Erwachsenen mit geistiger Behinderung hatten diesen wunderbaren Ort gegründet. Jeden Sommer arbeitete ich dort vier Wochen lang. Ich liebte es. Ich liebte meine Kollegen und ganz besonders die Bewohner. Sie hielten mich für ein bisschen verrückt, weil ich so ungeschickt in der Küche war. Sie liebten meine Katastrophen und meine Witze. Sie brachten mir vieles bei. Einer jungen Abiturientin, die Tag für Tag mehr davon ahnt, dass das Leben nicht nur aus Gesundheit, Geld, Erfolg, Schönheit und Intelligenz besteht.

Ich begann, Psychologie zu studieren, und machte bei meinen Freunden in »Le Village n°1« ein langes Praktikum. Ich forschte über geistige Behinderung, Taubheit und Verhaltensauffälligkeiten, sprach mit den Eltern und erstellte mit einer Gruppe von Einwohnern ein illustriertes Buch; ich half beim Frühstücken, machte Ausflüge, brachte sie ins Bett. Ich lachte viel dort, und ich fühlte mich daheim.

Manchmal war es auch schwer. Eines Tages saß ich im Büro meines Chefs, ganz nah am Wasser gebaut, und fragte ihn: »Warum leben sie eigentlich hier? Ich bin doch auch nicht anders als sie, wieso müssen sie da durch, durch all diese Schwierigkeiten, die Grenzen?« Er spürte meine Verzweiflung, meine Wut, meine Müdigkeit. Er sagte: »Rebecca, es ist normal, an unsere Grenzen zu kommen. Weißt du, wir arbeiten nicht am Fließband mit ›Blechdosen‹, sondern mit Menschen und ja, es ist herausfordernd.« Meine Bachelorarbeit widmete ich meinen Kollegen und meinen Freunden. Ich schrieb über »Geistige Behinderung, soziale Wahrnehmung und Eugenik«. Ich setzte mit meinem Psychologiestudium ein Jahr aus und lernte das Autofahren (oh, oh, diese Geschichte könnte auch fast ein ganzes Buch füllen).

Und im Januar 2000 bekam ich eine Halbzeitstelle in meinem geliebten Wohnheim. Im September begann ich dann wieder an der katholischen Universität in Louvain-la-Neuve zu studieren. Ich war gleichzeitig Teil zweier komplett unterschiedlicher Welten. Morgens weckte ich mit einem Lachen meine Freunde, nachmittags fuhr ich an die Universität, um Vorlesungen zu hören. Auf der einen Seite lernte ich, wie einfach, wie gebrochen, wie unvollkommen und doch schön das Leben sein kann; auf der anderen Seite studierte ich mit Erfolg, umgeben von Professoren, Fachliteratur, Forschung und jungen Menschen aus guten Familien. Beide prägten mich und machten mich glücklich. Die Unterschiede waren überall und ich lernte sie zu schätzen. Eines Tages saß ich bei der Arbeit auf dem Sofa im kleinen Salon, neben einer jungen Frau mit geistiger Behinderung. Nathalie weinte und sagte: »Ich bin anders, warum bin ich anders? Du, du bist besser.« Sie kannte mich gut, weil wir jede Woche zusammen in der Küche arbeiteten. Und dort hatten wir schon sehr oft über mich gelacht (ja, man muss das frisch gefüllte Marmeladenglas gut schließen, bevor man es auf den Kopf stellen kann). Ich sagte zu Sylvie: »Ich bin nicht besser als du, hörst du? Du kannst leckere Marmeladen kochen, das kann ich überhaupt nicht.« Sie lächelte ein bisschen und dann lachten wir zusammen.

Ja, meine Leidenschaft für diese Menschen ist ein roter Faden in meinem Leben geworden. Meine »normalen« Freunde und meine Familie lernten auch, damit umzugehen. Für manche war es aber nicht so einfach, sie hatten mit Berührungsängsten zu kämpfen. An meinem zwanzigsten Geburtstag hatte meine Schwester Myriam die geniale Idee, eine Überraschungsparty für mich zu organisieren. Sie ging mit mir einkaufen und als wir nach Hause kamen, wurde ich herzlich empfangen von meinen besten Freundinnen und Freunden (unserer Jugendgruppe, Kameraden aus meiner Grundschulzeit und so weiter). Als wir gemütlich im Garten feierten, tauchten fröhlich zwei Kollegen mit ein paar Bewohnern von meiner Arbeitsstelle »La Grange des champs« auf. Meine »besonderen« Freunde waren auch eingeladen! Ich war so dankbar, sie zu sehen, und kämpfte mit Freudentränen. Dabei merkte ich gar nicht, dass sich ein kleiner Teil der Geburtstagsgesellschaft ins Haus zurückgezogen hatte. Es war ihnen schon ein bisschen fremd oder man könnte auch sagen: »zu bunt« geworden. Ich konnte das verstehen und wir feierten eine Weile zusammen, bis meine Kollegen wieder zu »La Grange« fuhren. Ich beobachtete mit tiefer Freude, wie meine Gäste am Ende doch gut miteinander zurechtkamen. Manche waren entspannt und hatten keine Mühe mit dieser Situation, das fand ich schön.

Und genau mit dieser entspannten Freundlichkeit eroberte ein Jahr später ein junger Mann aus Deutschland mein Herz. Christoph studierte an der Bibelschule in Belgien, an der mein Vater als Lehrer unterrichtet, und wir besuchten einen Kurs zusammen. Diese paar Stunden nebeneinander im Klassenzimmer hatten uns gereicht, um gute Freunde zu werden und die Lehrer verrückt zu machen mit unseren ständigen Bemerkungen und Fragen. Meine Schwester meinte damals: »Der wäre schon jemand für dich, Rebecca.« Und ich mochte ihn und konnte stundenlang mit ihm reden, aber hey, es war keine Liebe ... es war keine Liebe, bis ... bis zu dem Tag, an dem der Chor der Bibelschule ein Konzert an meinem Arbeitsplatz gab.

Ich war Teil des Arbeitskreises »Spiritualität« und hatte vorgeschlagen, ein Gospelkonzert zu veranstalten. Christoph war der Tontechniker des Chors, deshalb war er auch dabei. Ich sah, wie er die Kabel legte, den Soundcheck machte. Und ich beobachtete ganz genau, wie er meinen besonderen Freunden begegnete. Ich verliebte mich ganz und tief, als ich sah, wie liebevoll er mit einem kleinen Mann redete. Claudy hatte Christoph gerade erzählt, dass er Trompete spielen kann, und spielte eine Weile auf seinem unsichtbaren Instrument. »Tüt tüt tüt.« Christoph hörte liebevoll zu und gratulierte ihm. Sein Französisch klang so süß, und ohhh – er war selber zum Knuddeln. Bei mir war es *vorbei*, ich war jetzt völlig verliebt. Christoph hätte mir den schönsten Blumenstrauß geben können, das schönste Gedicht schreiben können, alles wäre nichts gewesen im Vergleich zu diesem Moment. Seine Art, meine Freunde zu begrüßen, ganz normal, ganz offen, seine Reaktionen, all das sprach lauter als alles andere. Mein Vater fragte mich im Auto nach dem Konzert: »Geht es dir gut, Rebecca?« Ich schaffte es, mit normaler Stimme zu sagen: »Ja, ich denke schon«, aber innerlich war ich durcheinander. Mein Herz schlug wild und ich konnte nicht mehr aufhören, blöd zu lächeln.

Und zehn Jahre später war es derselbe Mann, der immer wieder mein Herz gewann. Wegen ihm hatte ich mein Land verlassen. Er hatte mir schon zwei wundervolle Töchter gegeben. Und jetzt waren wir dabei, ein drittes Kind zu bekommen. Beide bereit, die Adoption eines Kindes mit Down-Syndrom zu erleben. Die Wende war genommen und die Reise ergab Sinn: Schritt für Schritt!

3. Ist dieses Paar Schuhe nicht zu groß für euch?

UNSERE SUCHE HATTE JETZT AN Profil gewonnen. Wir wussten beide Bescheid, was unser Ziel war. Oder eher: Christoph hatte sich entschieden und Punkt. Ich hatte mich entschieden – und würde die Entscheidung unterwegs sicher noch hunderte Male in Frage stellen und mich erneut entscheiden. So unterschiedlich kann man sein. Aber Gott kennt mich schon und er kann mit meinen Zweifeln ziemlich gut umgehen. Ich bin so dankbar dafür, dass er mich annimmt und mir auch immer wieder Leute geschickt hat, die mich wunderbar unterstützen konnten. Emotional war die Reise zur Adoption schon irgendwie ein enormes Erlebnis. In dieser Zeit habe ich mehr Fehler in der Küche gemacht als sonst (sofern das überhaupt möglich ist). Ich war vertieft in meine Gedanken, meine Fragen über das Leben, meine Ziele und so weiter. Ich schaffte es, beim Backen eine ganze Glasur mit Salz statt Zucker zu pinseln (über meine schöne Brioche) oder doppelt so viel Butter in meinen Teig zu geben wie nötig.

Das klingt ein bisschen wie eine schwangere Frau, oder? Und schwanger war ich schon zweimal gewesen, aber diesmal war es ganz anders. Dieses Mal gab es keinen Schwangerschaftstest, dessen Ergebnis ich mit Christoph teilen konnte. Ich hatte auch keinen Babybauch und keinen Entbindungstermin. Nein, diesmal mussten wir ganz anders handeln. Es gab ganz neue Fragen. Von: »Wen fragen wir nach so einem Kind?« bis: »Wie sprechen wir mit unseren Kindern über Adoption und Behinderung?«. Wie werden die Leute reagieren? Was ist, wenn wir am Ende doch kein Kind bekommen? Was, wenn unsere

Familien uns nicht verstehen können? Würden wir sicher genug sein, um weiterzumachen? Mein Kopf und mein Herz waren voller Fragezeichen und dabei auch voller Zuversicht. Ich wollte nicht stur sein und gegen allen Verstand diesen Weg einschlagen. So bauten wir um uns herum ein Netz, eine Art Sicherheitsnetz. Leute, die da waren, um uns zu helfen durch Höhen und Tiefen. Ich wollte so gerne meinen Freunden und Familien erklären, was mich bewegte, ich hoffte, sie würden es verstehen. Und es gibt viele gut gemeinte Ratschläge, aber nicht jeder sollte reinreden. Doch manche sollten es dürfen, und es ist sinnvoll, auf sie zu hören (ohne immer in der Defensive zu sein). Deswegen redete ich am Anfang lieber wenig von unseren Plänen, aber dafür mit bestimmten Leuten sehr gezielt. Ich schrieb ein paar Nachrichten an Leute, denen ich tief vertraute. Um sie um Gebet zu bitten oder einfach, um ihre Meinung zu erfahren.

Eine der ersten Nachrichten war für Paula und Mike, selber Eltern eines Kindes mit Down-Syndrom. Sie leben in Amerika und mit 20 war ich ein paar Wochen bei ihnen und hatte ihren Sohn kennengelernt. Mike nahm sich viel Zeit, um meine Fragen zu beantworten. Ich wollte damals wissen, wie er auf die Diagnose reagiert hatte. Seine Offenheit, aber auch seine Dankbarkeit, hatten mich sehr berührt. Er sagte: »Gott hat mir dieses Kind anvertraut, er hält mich für fähig, mich gut um ihn zu kümmern, es ist mir eine Ehre, dieses Kind zu haben.« Ich wusste, dass Mike und Paula die Konsequenzen unserer Entscheidung verstehen würden. Und fragte die beiden, ob sie für uns beten würden. Dafür, dass wir die richtige Entscheidung treffen und den Mut haben würden, die nötigen Schritte zu gehen, die vor uns lagen. Ich genoss seine Antwort, er nennt mich immer liebevoll »the crazy Belgian« (die verrückte Belgierin). Er machte mir Mut: »Du würdest hervorragend mit einem Kind mit Down-Syndrom zurechtkommen. Und da du auch nicht so ganz normal bist, wirst du sicher, so wie ich, die Freuden und den Segen, die mit einem Kind mit Behinderung einher gehen, genießen können.« Diese Nachricht freute mich so sehr, es war wie ein Lächeln auf Gottes Gesicht. Eine Art »Siehst du, was ich meine?«.

Ich schrieb eine Mail an meinen alten Chef in Belgien. Von ihm würde sicher kein spirituelles Geschwätz kommen. Ich erwartete ein: »Spinnst du jetzt?« oder: »Musst du das wegen deinem Glauben machen?«. Aber seine Antwort war sehr echt und weise. Er schrieb ungefähr: »Rebecca, du weißt, was vor dir steht, das muss ich dir nicht erklären. Aber es erstaunt mich nicht, dass du ein Kind mit Down-Syndrom adoptieren willst.« Wow! Das tat mir so gut, festzustellen, dass mein Leben irgendwie »stimmig« geblieben war. Ganz ehrlich, selbst wenn ich sie gerne gesehen hätte, suchte ich keine »Zeichen von oben«, ein Orakel, das sagte: »Das ist dein Weg«. Innerlich wusste ich, dass Gott von mir erwartete, dass ich einfach weiterging. Aber ich brauchte Kraft und Unterstützung. Leute, die mich verstanden oder die mir einfach helfen konnten, meine inneren Gründe, meine Motivation zu sondieren, zu prüfen und meine Entscheidung auf ein gutes Fundament zu bauen. Dabei waren wieder einmal Hans-Martin und seine Frau Susanne die Richtigen, um mir zu helfen.

Als wir von unserer Silvester-Unfall-Entscheidungs-Reise aus Belgien zurückkamen, waren Hans-Martin und Susanne Dick schwer beim Packen. Sie hatten vor, eine dreimonatige Reise ins Ausland zu unternehmen (mit Zelt, Fahrrad und drei Kindern). Im letzten Moment vor ihrer Abreise sagte ich noch zu Susanne, so nebenbei, dass wir ein Kind mit Down-Syndrom adoptieren wollten. Ich sah ihren Blick und die vielen Fragen darin. Sie stieg ins Auto und weg waren sie alle, im Gepäck nahmen sie ihre Gedanken über unsere Zukunft mit. Sie kannten uns gut. Sie wussten von unserem »stark pulsierenden Leben«, meiner Krankenhausphobie, und sie kannten unsere Tiefen viel zu gut, um locker zu sagen: »Oh, wie schön!«. Es waren die Freunde, die wir um 21 Uhr am Sonntagabend noch anrufen konnten, um zu sagen, dass der Magen-Darm-Infekt uns alle so plagte, und die noch spät in der Nacht vorbeikamen, um sicher zu sein, dass alles okay war. Bei ihnen durften wir wir selbst sein, manchmal auch einfach ganz müde und total uncool. Echte Freunde halt! Ihre Meinung über die Adoption war uns sehr wichtig. Aber weil sie uns so gut kannten, war es für die beiden zunächst nicht so einfach nachzuvollziehen, dass wir ein Kind mit Behinderung adoptieren wollten. Was hatten wir da vor?

Ja, das fragte ich mich auch. Was will ich von meinem Leben eigentlich, passt die Adoption da rein oder übertreffe ich mich selber?

»Wo sehen Sie sich in zehn Jahren?« Diese Frage hörte ich beim Pastoren-Coaching, wo ich im Rahmen eines Praktikums dabei sein konnte. Einmal monatlich begleitete ich Ulrich nach Stuttgart, um eine Gruppe von Pastoren und Gemeindeleitern zu treffen. Dabei lernte ich viel, was ich in den Vorlesungen an der Uni nicht mitbekommen hatte. Oft betrafen mich die Gespräche auch persönlich und brachten mich weiter.

Im Laufe der Zeit war Ulrich ein guter Freund geworden. Und er fragte jetzt in die Runde: »Wo seht ihr euch in zehn Jahren? Was müsst ihr heute dafür tun, um das vorzubereiten? Was sind eure Werte im Leben … was sollte auf eurem Grabstein stehen?« Ich dachte laut: »›Sie war lustig, aber nicht dumm‹, das will ich auf meinem Grabstein lesen.« Wir lachten zusammen und ich dachte weiter, an mein Leben, meine Werte, an die Adoption, aber auch an meine »Karriere«, mein so geliebtes »Doktorprojekt«, das ich immer noch nicht angefangen hatte. Ich hatte gerade im Dezember mein Diplom in Psychologie anerkennen lassen. Und wollte eigentlich wieder in meinen Beruf einsteigen. Meine Promotion sollte über Behinderung und Hoffnung sein, oder Glauben. Ob es nach der Adoption noch möglich wäre, alle diese Träume zu leben? Ja, die Adoption entsprach auch meinen Werten, eigentlich traf sie ins Schwarze, ein ganz praktischer Einsatz im Thema »Geistige Behinderung und Hoffnung«. Als wir zusammen vom Pastoren-Coaching nach Hause fuhren, konnte ich länger mit Ulrich darüber reden. Ich sagte: »Wir würden gerne ein Kind mit Down-Syndrom adoptieren, was meinst du?« Mein Herz stand ein paar Sekunden still. Was würde er jetzt sagen – als Psychologe, aber auch als Vater von vier Kindern, darunter zwei adoptierte Mädchen? Er antwortete als Freund mit einem liebevollen »Du? Mit deiner lockeren, humorvollen und entspannten Art... ja, ich könnte mir das gut vorstellen. Es würde passen und es könnte auch für andere eine Ermutigung sein. « Einen Moment lang schwebte ich in der Luft, Richtung siebter Himmel. Tief atmen, durch das Fenster schauen und träumen... ich spürte innerlich, dass das, was er sagte, richtig war. Mein roter Faden war da. Vielleicht wollte ich gar nicht zu große Schuhe anziehen, sondern einfach die Schuhe anziehen, die für mich gemacht geworden waren?

Als Susanne und Hans-Martin von ihrem Familienabenteuer zurückkamen, hatten sie vielleicht ein paar Fragen im Koffer für uns mitgenommen, aber wir hatten inzwischen auch schon ein paar Antworten gefunden. Trotzdem wusste ich nicht so ganz, wie ich ihnen unsere Motivation erklären könnte, ohne auf einer »Verteidigungsschiene« zu sein. Aber irgendwie fand ich für beide einen passenden Weg. Susanne brauchte nur ein Bild zu sehen, um zu verstehen, was mich bewegte. Ich wollte ihr zeigen, wie wichtig mir die Menschen mit geistiger Behinderung waren, wie nah ich ihnen jahrelang gewesen war. Und dafür hatte ich ein super Bild von Michel (der mit Autismus lebt) und mir: beim *Küssen!* Das ist so ein sanftes Bild, lustig, warmherzig. Ich mag es sehr. Es entstand bei meinem Studentenjob während eines Spaziergangs im Wald. Meine Kollegin hatte ein paar Fotos geknipst und von manchen habe ich noch einen Abzug. Ich trug

Umgeben von Blumen und Bäumen, gibt Michel mir liebevoll einen Kuss auf die Stirn. Er hat Autismus, stellt tausend Mal am Tag dieselben Fragen – und hat mein Herz erobert.

eine Jeanslatzhose und meine Lieblingsschuhe (die, die fast alle Sozialpädagogen gerne tragen würden). Michel, ein großer schlanker Mann, steht neben mir, hat mich in den Arm genommen und ich halte ihn auch und er … ja, er gibt mir sanft einen kleinen Kuss auf die Stirn: Michel und die junge Studentin! Als Susanne es anschaute, hatte sie mich verstanden und die Fragen hatten sich in Zustimmung gewandelt.

Mit Hans-Martin redete ich lange, an einem Freitagabend, auf dem Gehweg vor unserer Gemeinde, Emma auf meinem Arm. Mir half dieses Gespräch sehr. Einfach auch, mir selber zuzuhören. Er sagte: »Aber Rebecca, wie wirst du zurechtkommen mit einem Kind, das vielleicht oft krank wird?« (Das war die Frage eines Kinderarztes, der mich schon ein paar Mal in Panik erlebt hatte, wenn meine Kinder krank waren.) Seine Frage war so treffend. Ich erklärte: »Ich weiß es nicht, Hans-

Martin. Aber ich will mehr als Komfort. Ich will mehr von meinem Leben, ich will etwas bewegen, einen kleinen Beitrag in dieser Welt leisten. Mir ist die Gemeindeproblematik zu kleinkariert geworden, ich ersticke, wenn es sich immer um dasselbe dreht, ich brauche Luft. Die Welt ist so im Elend und uns geht es so gut. Wir haben doch so viel und dabei gibt es viele Menschen, die sehr wenig haben. Verstehst du?« Oh und wie er mich verstand! Er und seine Frau hatten eine Weile als Missionare im Ausland gelebt; dieses starke Bedürfnis, anderen zu helfen, etwas von sich selbst für einen höheren Zweck zu geben, war ihnen sehr vertraut. Ich machte weiter mit meinen Erklärungen: »Ich will nicht risikofrei leben und sterben, vollgestopft und ohne nach links oder rechts geschaut zu haben. Aber ich könnte echt niemals nach Afrika als Missionarin gehen, das schaffe ich nicht. Aber ein Kind mit Down-Syndrom zu adoptieren, das könnte ich doch schaffen, das könnten wir als Familie hinkriegen. Denkst du nicht auch?« Wir redeten eine Weile und schließlich antwortete er: »Ja, ich verstehe euch jetzt, und ich denke, dass es euer Weg ist.«

Boah, bin ich dankbar für Freunde, die mitdenken, die nicht nur aus Mitleid: »Ja, alles gut« sagen, sondern die nachhaken, überlegen und dann, nur dann, von Herzen sagen können: »Doch, es passt, und wir werden auf eurer Seite stehen.«

Das sagten auch unsere Familien. In Belgien, in Deutschland und in der Schweiz, sie beteten für uns und waren bereit, diesem Kind einen Platz zu geben und es zu lieben. Selbst wenn die Idee am Anfang für manche eher fremd war. Sie waren dabei, und sie waren bereit, uns zu unterstützen, egal was kommen sollte. Und der Weg vor uns war noch lang, aber es ging weiter: Schritt für Schritt.

4. Heldenhaft oder unverantwortlich?

ES GIBT VIELE MEINUNGEN ÜBER die Adoption eines Kindes mit Down-Syndrom. Manche Leute denken, es sei einfach heldenhaft. Dann hört man: »Du hast aber ein großes Herz!«, »Wie schön!« und »Das ist so wunderbar!«. Andere denken eher, dass man eine große Last auf sich nimmt. Es war wichtig für uns, dass wir von diesen Aussagen und Meinungen emotionalen Abstand nahmen. Meine Motivation konnte sicher nicht aus dieser »positiven, heldenhaften Aura« bestehen und auch die Angst, dass es zu schwer sein könnte, wäre sicher ein sehr schlechter Wegweiser gewesen. Ich wusste: Am Ende geht es um mein Leben und meinen Alltag, mit meinem Kind. Und es war weder heldenhaft noch ein heiliges Opfer. Der Wunsch war in und aus unserem Leben entstanden und es schien unser Weg zu sein.

Heute habe ich ein bisschen Abstand, um alles zu schreiben und zu beschreiben. Jetzt weiß ich, wie es sich anfühlt, Pia auf dem Arm zu tragen, mit ihr zu lachen und so stolz auf meine drei Mädels zu sein. Ich weiß aber auch, wie ich manchmal an meine Grenzen komme und ein Stoßgebet zu Gott schicke, wenn sie ihr Glas wieder mal umgekippt hat und der Apfelsaft auf dem Boden landet, wenn sie krank ist und nur noch bei mir auf dem Arm sein will und dabei immer weiter weint.

Damals konnte ich nur hoffen, träumen, Gott immer wieder um Mut und Weisheit bitten und uns alle so gut wie möglich vorbereiten. Ich hatte so vieles im Kopf. Ich hinterfragte meine Motivation, meinen Lebensplan. Ich wusste eigentlich, was ich wollte. Warum jetzt alles durcheinander bringen? Wen will ich beeindrucken? So viele Zweifel in mir … immer wieder. Wie ich mich fühlte? In dieser Mail ist es gut zusammengefasst:

Immer wieder lerne oder arbeite ich daheim, wenn meine Töchter im Kindergarten sind. Mir ist klar, dass die Ankunft eines dritten Kindes (mit oder ohne Behinderung) vieles ändern würde ...

»Liebe Brigitte,

(...) Wir würden gerne ein drittes Kind haben, aber dann nicht mehr selber, sondern adoptieren. Wir würden uns sehr freuen, wenn wir ein Kind mit Down-Syndrom adoptieren könnten. Wir denken seit bald zwei Jahren an Adoption, aber an ein Baby mit Down-Syndrom erst seit Januar. Manchmal scheint es mir selbstverständlich und manchmal frage ich mich, ob wir uns irgendwie zu viel zumuten. Aber ich weiß genau, dass Gott es uns einfach klar machen kann, falls es nicht der richtige Weg wäre. (...) Wir sind gespannt, was kommt.

Dazu kommt mein langsamer Einstieg in den Beruf. Ich bin jetzt offiziell als freiberufliche Psychologin angemeldet. Ende Juli werde ich die mündliche Prüfung für meine »HPG« (Heilpraktiker-Genehmigung, beschränkt auf Psychotherapie) haben. Wenn ich diese Zulassung habe, werde ich vielleicht mehr arbeiten (das geht auch vorwärts).

Also, wie du siehst, es bewegt sich viel bei uns, aber trotzdem ganz langsam. Ich hätte gerne manchmal klare Antworten für manche Projekte… eine Art Plan für die nächsten fünf Jahre, aber irgendwie gibt es das nicht. (Du auch, oder?) Aber ich weiß genau, dass die Türen sich immer zum richtigen Zeitpunkt öffnen oder schließen. Und ich weiß, dass Gott mir immer die Kraft und die Freude gegeben hat, seinem Plan zu folgen… Es ist dann für mich logisch, ihm zu vertrauen (aber irgendwie immer wieder hart, es zu tun) ;-).«

Ich lese diese Mail heute, fast fünf Jahre später. Was hätte ich getan, wenn ich gewusst hätte, wie es jetzt aussieht? Wenn ich gewusst hätte, dass die Bewerbung glatt gelaufen ist, dass Pia zum rechten Zeitpunkt zu uns kommen konnte, dass ihre Pflegemama so wunderbar war, dass die Mädels sie so lieben, dass unser Alltag nicht im Chaos versunken ist, dass ich doch weiter arbeiten darf (die paar Stunden pro Monat, die ich gerne arbeite), dass wir so froh sind, dieses Kind zu haben, aber dass ich auch durch manches tiefe Wasser waten und manchmal blind weitergehen musste… Wenn ich alles gewusst hätte, tja…, aber ich habe es nicht gewusst und ich habe versucht, Schritt für Schritt vertrauensvoll weiterzugehen (oder sollte ich eher sagen: im Stop-and-go-Modus weiterzukommen?).

Selber konnte ich nicht einschätzen, ob dieses Paar Schuhe für uns zu groß war, aber der »Schuhmacher« war unser Freund und ihm wollten wir einfach vertrauen. »L'artisan de mon bonheur«, der Handwerker meines Glücks, war dabei, und als ich meinem Herzen und meinem Verstand folgte, diese Achterbahn der Gefühle nahm, wusste ich tief in mir: »Er lässt mich nicht untergehen und wenn doch, dann kommt er auch mit mir!«

5. Wo kann man ein Kind mit Down-Syndrom adoptieren?

TRÄUMEN UND NACHDENKEN WAR ABER nicht genug. Wir mussten auch ganz praktisch handeln. Den gesetzlich vorgeschriebenen Weg gehen, Termine vereinbaren, Seminare besuchen und so weiter. Die wichtigste Frage war dann: Wo kann man ein Kind mit Down-Syndrom adoptieren? Und noch eher: Wer wird uns überprüfen?

In Belgien kannte ich eine Organisation, die sich gezielt um die Adoption von Kindern mit Behinderungen kümmert. Als ich Teenager war, hatten sich Bekannte dort beworben und hatten ein besonderes Kind aus Afrika bekommen, ein Baby mit einer körperlichen Missbildung. Es war ganz spannend, diese Lebensgeschichte zu erfahren und die Freude bei diesem Ehepaar zu sehen. Diese Organisation ist in Frankreich, in Belgien und in der Schweiz tätig und hat einen guten Ruf. Ich las viel auf ihrer Website und entschied mich, dort anzurufen. Ich sprach lange mit einem Mitarbeiter. Seine Reaktion und das Gespräch waren positiv, aber auch sehr klar: »Sie haben einen langen Weg vor sich, eine Adoption hängt immer ab von dem Land, in dem man lebt, wir helfen Ihnen gerne, aber sie müssen erst einmal in Deutschland überprüft werden.«

Stimmt, so einfach geht es nicht mit einer Adoption, und neben dem emotionalen Weg gibt es halt den ganzen rechtlichen Prozess. Und da gibt es keine Abkürzung. Ich staune immer noch manchmal über die Naivität mancher Leute, wenn es um Adoption geht. Adoption ist ein Wunder, ja, aber ein Wunder, das in Papierkram, Interviews, Hausbesuchen, Vormundschaft, Notarterminen und so weiter eingebettet ist. Und dieses Wunder wird durch eine richterliche Entscheidung abgeschlossen. Dann, und nur dann hat dieses Kind eine neue Familie. Und um sicher zu sein, dass das Kind gut aufgehoben sein wird, gibt es ein ganz großes Netz von Leuten, die da mitwirken. Und jeder trägt ein Stück Verantwortung; jede Person bringt ihre Kompetenz, ihre Geschichte und oft auch ihren Glauben mit. Ich musste mir diese Fakten immer wieder vor Augen halten (besonders wenn es um verschiedene Kosten ging). Und diese Gewissheit – »so geht es halt mit einer Adoption« – half mir, gelassener zu bleiben, nicht alles persönlich zu nehmen und besonders manche Treffen als »fachliche Fortbildung« zu sehen. Wie ein Blick hinter die Kulissen: genial!

Christoph suchte fleißig weiter nach einer Vermittlungsstelle, die sich mit der Adoption von Kindern mit Down-Syndrom auskannte und uns begleiten konnte. Er fand endlich eine, die nicht zu weit von uns entfernt war. Alle Termine für die Vorbereitungsseminare standen schon fest und wurden auf ihrer Website angekündigt. Christoph wagte einen Anruf, obwohl er wusste, dass dieses Team theoretisch nur kinderlose Ehepaare begleitete. Ob wir uns bei ihnen bewerben könnten? Mein Mann erklärte unsere Situation, und die Mitarbeiterin sagte, dass sie unsere Anfrage wichtig fände und sie es im Team besprechen würden. Wir freuten uns riesig über ihre Antwort: »Ja, Sie dürfen sich bei uns bewerben, wir werden Sie in Ihrem Projekt unterstützen.« Was für ein Segen! Christoph konnte entspannt das Datum in seinem Kalender speichern. Im Juni und Juli 2011 waren die Termine. Endlich ging unser Weg auch offiziell weiter.

Unser erster Termin bei der Vermittlungsstelle war an einem sehr warmen Tag, wir nahmen den Zug nach Stuttgart. Unsere beiden Kinder waren bei Christophs Eltern. Es war schon lange her, dass Christoph und ich völlig allein unterwegs gewesen waren. Es war ein wohltuendes Gefühl. Als wir in Stuttgart ankamen, war die Hitze dort drückend. Die Vermittlungsstelle war nicht schwer zu finden. Ein älteres Gebäude mit einem kleinen Balkon. Die Atmosphäre dort war sehr offen und gleich kam uns eine Mitarbeiterin entgegen.

Wie bei unserem ersten Treffen über Adoption saßen wir zwischen Ehepaaren, die noch keine Kinder hatten. Aber diesmal war mein Herz voller Frieden. Ich wollte nicht ein »zukünftiges Kind« bekommen, ich wollte da sein für die »anderen Kinder«, die leider nicht auf dem ersten Platz auf der Wunschliste stehen. In diesem kleinen Raum fingen wir an, ein bisschen von uns zu erzählen, aber auch ganz viel zuzuhören. Es war eine Vorstellungsrunde, die zusammenschweißte. Die positive Einstellung der beiden Sozialarbeiterinnen beeindruckte mich gleich. Ich hatte niemals in meinen Leben jemanden getroffen, der so oft in Adoptionsprozessen aktiv gewesen war. Und da saßen direkt vor mir zwei absolute Profis. Diese Frauen hatten hautnah miterlebt, was bei einer Adoption passiert.

Sie lasen uns die Geschichte einer jungen Mutter vor, die zu früh schwanger geworden war und ihr Kind zur Adoption freigab. Sie sprachen respektvoll und liebevoll über diese Frau, dieses Kind und die Adoptiveltern. Wir waren alle sehr bewegt von dieser Geschichte. Ich konnte meine Tränen nicht zurückhalten und dachte dabei an Ann-Céline und Emma. Was selbstverständlich war, wurde wieder zu einem Geschenk. Kinder zu bekommen, sie großzuziehen, sie zusammen zu lieben und unterstützt zu werden durch Familie, Freunde, Gemeinde und Gott. Die Statistiken, die ich kannte, und die theoretischen Fakten bekamen ein Gesicht vor meinen Augen.

Sanft, aber auch sehr klar konfrontierten uns die beiden Sozialarbeiterinnen mit Schicksalen, Geschichten, Hoffnungen, aber auch Niederlagen. In ihren Worten spürte ich einen großen Respekt vor den leiblichen Eltern. Und ich spürte auch ganz deutlich, wie dieser Respekt der Schlüssel für eine gelingende Adoption war. Ich bewunderte diese Wertschätzung für die Mamas, die Papas und die Kinder. Es folgten Erklärungen über die Überprüfung, wie sie geführt wird, worauf geachtet wird. Sie machten uns Mut, bewusst über unsere eigenen Ressourcen und Grenzen nachzudenken. Sie erwähnten Drogenentzug bei Babys, Auswirkungen von Alkoholkonsum während der Schwangerschaft. Und dann sprachen sie auch von Babys mit Behinderungen, großen oder kleinen. Ich sog diese Wörter regelrecht in mich auf, war innerlich sehr bewegt und versuchte diese Emotionen zu kanalisieren, indem ich auf meinen Zettel malte. Wie um ein bisschen Abstand zu schaffen, glitt ununterbrochen mein Stift über das Papier und ein Teil dieser Spannung löste sich.

Der zweite Abend verlief ähnlich. Wir hatten zwischendurch unsere »Hausaufgaben« gemacht und darüber nachgedacht, was unsere Ressourcen sind, was wir als Ehepaar unbedingt bewahren wollten. Diese Zeit, die Christoph und ich zusammen verbrachten, war wie eine kleine Auszeit in unserem vollen Kalender, ein »Geheimprojekt« mit toller Aussicht. Und es tat uns gut, einen Ausflug aus dem Alltag zu unternehmen. Der zweite Termin fand zwischen zwei Trauungen, die Christoph halten sollte, statt. (Wir fanden das lustig: mal zwischendurch kurz nach Stuttgart, um ein Baby zu »zeugen« oder so ähnlich.) An diesem Abend lernte ich sehr viel über Bindung. Wie entsteht Bindung? Worauf muss man achten, um diese Bindung zu unterstützen? Was geht in diesem Kind vor? Einen Satz konnte ich als Mutter und Psychologin nur bestätigen: »Lassen Sie in den ersten Wochen mit dem Baby alle Bücher über Erziehung geschlossen, vergessen Sie die Theorie, nehmen Sie ihr Kind in den Arm, nah, Sie haben mindestens neun Monate nachzuholen, Sie müssen sich aneinander gewöhnen.« An der Bindung arbeiten, sie langsam wecken, beobachten, wie sie wächst. Irgendwie muss das Baby auf seine Art lernen: »Das sind jetzt meine Mama und mein Papa.« Ganz ehrlich: Dieser Abend war für mich eine der besten Unterrichtseinheiten über Bindung. Egal wie viel in der Universität darüber gesagt geworden war, hier war es lebendig. Ich entdeckte den Bindungsprozess ganz neu. Liebe kann nicht alle Probleme lösen, aber sie trägt in sich Hoffnung für werdende Eltern und verlassene Kinder.

Nach diesem Abend waren wir bereit, unsere Akten zu sammeln und unsere Lebensberichte zu schreiben, um uns dann offiziell bei dem Team zu bewerben. Solche Prozeduren scheinen mir immer enorm viel Arbeit zu sein. Christoph aber, mit seiner praktischen und logischen Art, fing gleich an, den Papierkram zu erledigen. Nach jahrelangem Auslandsstudium, einer internationalen Hochzeit und sogar dem Import von zwei belgischen Autos ist Bürokratie kein Schreckgespenst mehr für ihn. Und in null Komma nichts sagte er zu mir: »Du musst nur noch zum Rathaus gehen und die Papiere holen, ich habe den Rest schon erledigt.« Wir mussten jedoch noch verschiedene Fragebögen beantworten und jeder einen Lebensbericht schreiben: über uns, unsere Situation, unsere Kindheit, unsere Schulausbildung, unsere Freizeitgestaltung, unsere Beziehungen zu Familie und Freunden ... Ich weiß noch, wie ich vor diesen Fragen saß und kurz überlegte: »Ja und jetzt, was sage ich? Wie viel sollten sie wissen?« Eins stand fest: Ich wollte authentisch sein und wirklich wissen, ob mich die Sozialarbeiterinnen auch für fähig hielten, ein Kind mit Down-Syndrom aufzunehmen. So entschied ich mich gleich für einen sehr offenen Lebensbericht mit ein paar besonderen Geschichten, die mich sehr ehrlich darstellten. Und wie sich später herausstellte, war diese Offenheit sehr sinnvoll, weil dadurch die Sozialarbeiterin besonders gut helfen konnte, wenn mich die Panik völlig zu Boden warf (aber davon erzähle ich später). Fünf Seiten schrieb ich und dachte: »Na, mal sehen, wie sie darauf reagieren werden.« Hier sind zwei kurze Auszüge daraus:

Die Studentin der Psychologie und der junge Theologe! Eine internationaler Hochzeit, die mich mehr als ein paar Tränen gekostet hat. Zwischen Studium, Arbeit und meiner Familie in Belgien sowie dem ganz neuen Leben als Ehefrau einer Pastors im Schwabenland schwankte mein Herz ein bisschen stärker als gedacht.

»Ich habe Christoph 2000 in Belgien getroffen. Wir waren beide 22 Jahre alt. Er war Student in dem theologischen Seminar, wo mein Vater Lehrer war. Wir haben dort einen Kurs zusammen besucht und es hat sich eine Freundschaft entwickelt. Nach einem Jahr wurden wir ein Paar. 2003 haben wir geheiratet. Ich bin dann nach Deutschland umgezogen. Dieser Umzug schien mir wie ein Berg zu sein. Ich musste sehr viel

Eine Woche nach dem »Ja« im Rathaus in Deutschland feierten wir unsere kirchliche Hochzeit in Belgien, unvergesslich.

hinter mir lassen: Familie, Arbeit, Uni, Kirche, Sprache und Freundeskreis. Der Druck hat uns beide belastet, aber nach der Hochzeit entspannte sich unsere Beziehung wieder und wir lernten, miteinander im Alltag zu leben – auch mit unseren kulturellen Unterschieden. Christoph hat mir mit seiner ruhigen und vertrauensvollen Art da sehr geholfen, unser eigenes Zuhause zu schaffen. Es ist trotzdem manchmal laut geworden. Wir haben uns dabei auch besser kennengelernt. Ich bin mehr die ängstliche Person, die sich viele kleine Sorgen macht. Ich habe einen eher starken, lebendigen Charakter. Christoph ist dafür der Ruhigere, der immer dieselbe Laune hat. Er hat ein großes Vertrauen zu Gott und den Menschen und nimmt alles sehr positiv. Diese Kombination tut uns gut, wir spüren, dass wir zusammen gut vorwärts gehen. Ich freue mich sehr, dass Christoph gelernt hat, auf meine Gefühle zu hören und nicht nur immer auf logische Argumente. Wir schätzen einander und freuen uns auf gemeinsame Einsätze (in der Kirche, in der Familie).«

Ein paar Seiten später erklärte ich auch deutlich, warum wir an die Adoption eines Kind mit Behinderung und ganz spezifisch mit Down-Syndrom dachten:

»Am 1. Januar 2011 kam ein deutlicher Wendepunkt für mich. Mein Herz öffnete sich ganz stark für die Möglichkeit, ein Kind mit Behinderung zu adoptieren. Diese Möglichkeit war nie ausgeschlossen gewesen, aber irgendwie entdeckte ich diesen Weg ganz neu. Ich sprach darüber mit Christoph. Seit langem schlägt mein Herz besonders für Menschen mit geistigen Behinderungen. Christoph und ich fingen an, darüber zu reden, uns zu informieren. Wir lasen Berichte, suchten nach Informationen und sprachen auch mit unserem engeren Freundeskreis und der Familie darüber. Wir waren uns einig, dass wir irgendwie genügend Ressourcen haben, um ein Kind mit Trisomie 21 zu adoptieren. Wir wären froh, diesem Kind eine Familie geben zu können. Wir erkennen, dass Gott uns viel gegeben hat (Familie, Freunde, interessante Berufe und zwei wunderschöne Mädchen) und dass das in dieser Welt nicht selbstverständlich ist. Wir würden das alles gerne mit jemandem teilen. Ich kann verstehen, dass manche Eltern durch die Behinderung eines Kindes überfordert sind. Und ich finde es positiv, dass Mütter ihre Schwangerschaft bis zu Ende leben und das Kind zur Adoption frei geben.

Heute, nach dem Bewerberseminar, sehe ich unsere Situation wie eine Bergwanderung. Es scheint wie ein Berg vor uns zu stehen, aber etwas bewegt uns, weiterzugehen. Ich denke, dass die Adoption eines Kindes mit oder ohne Behinderung eine wunderbare Herausforderung ist, die besondere Ressourcen erfordert, aber die eine Bereicherung ist (für uns als Eltern, für unsere Mädchen, größere Familie, Freunde ...) – ein Weg, der sich lohnt.«

Christoph schrieb auch seinen Lebensbericht. Überall sprudelte es von »Gott hat uns so reich beschenkt, wir wollen teilen«. Und es bewegt mich noch mehr, ihn heute wieder zu lesen. Hier ist ein kleiner Ausschnitt seiner Antwort, für mich bleibt es eine seiner schönsten Liebeserklärungen.

»Als ich Rebecca kennenlernte, arbeitete sie neben ihrem Studium als Heilerzieherin in einer Einrichtung für geistig behinderte Erwachsene. Besonders Menschen mit Down-Syndrom hatten es ihr sehr angetan und ich war von Anfang an beeindruckt von ihrer Liebe für gerade diese Menschen. Als dann im Lauf der Überlegungen zum Thema ›Adoption‹ die Frage kam, ob ich mir auch das Leben mit einem behinderten Kind vorstellen könnte, fiel mir die Antwort nicht schwer.«

Nachdem unsere Lebensberichte geschrieben waren, saßen wir zusammen vor einem Fragenbogen über das Kind, das wir uns zu adoptieren vorstellen könnten. »Mädchen oder Junge?« – die Frage war uns völlig egal, auch die Herkunft, aber beim Alter kam das erste »Wir möchten gerne«. Klingt das unfair? Hätten wir sagen sollen: »Jedes Kind, das eine Familie braucht, ist bei uns herzlich willkommen?« Nein, das wäre nicht weise gewesen. Wir hatten schon eine Familie, mit ihrer kleinen »Ordnung« und unseren persönlichen Geschichten. Wir sind eine zweisprachige Familie, waren es immer und wir wollen das weiter leben. Und wir wussten, dass ein Kind, das schon älter als zwei Jahre alt wäre, größere Schwierigkeiten hätte, sich daran zu gewöhnen. Deshalb schrieben wir beim Alter: »Ein Kind unter zwei Jahre.« Auf die Gesundheitsfrage kam die Antwort: »Wir möchten ein Kind mit Down-Syndrom ohne größere diagnostizierte Pathologie« – eine Art »gesundes Kind mit Down-Syndrom«. Ich weiß, es ist herzzerreißend zu denken, dass wir damit andere Babys ausschlossen, aber es war wichtig. Um die fünfzig Prozent der Kinder, die mit Down-Syndrom geboren werden, leiden auch an einem Herzfehler, der eine Operation benötigt. Und ich bin ein Mensch mit einer ausgesprochenen Krankenhausphobie. Ich wusste, wochenlange Krankenhausaufenthalte wären nichts für mich, auch nicht für unsere größeren Mädchen. Für mich war das eine Hürde, die mich auf den Teppich geschubst hätte. So schrieben wir das ganz offen: Da sind unseren persönliche Grenzen. Und das Team fand es gut, dass wir uns kritisch einschätzen und dazu stehen konnten.

Fröhlich ging ich mit unserem fetten Umschlag zur Post, um ihn abzuschicken. Ich machte sogar ein Bild von meinem »kleinen hart erarbeiteten Schatz«. Und jetzt war mal wieder Warten dran. Unseren Teil hatten wir getan: schreiben, Papiere sammeln, der ärztliche Besuch. Jetzt würde die Vermittlungsstelle alles lesen und dann Kontakt mit uns aufnehmen, wenn alles so weit war.

Es war Sommerpause, und wir genossen unsere Ferien und dachten: »Vielleicht ist das unser letzter Sommerurlaub zu viert.« Es schien uns, dass der Prozess sich beschleunigt hatte; so gingen wir weiter zuversichtlich und geduldig: Schritt für Schritt.

6. Die Überprüfung

ALS WIR UNSERE AKTEN PER Post losschickten, wussten wir, dass es noch lange dauern könnte, bis wir etwas von der Vermittlungsstelle hören würden. Sie hatten nicht nur unsere Akten durchzulesen, sondern auch viele andere, dazu die laufenden Vermittlungen zu betreuen, die Adoptivfamilien zu unterstützen. Also waren wir irgendwie schon wieder im »Stand-by-Modus«. Das hieß: weiterleben und genießen, vertrauen. Es standen ein paar berufliche Entscheidungen für Christoph an, die bedeuteten, dass er mehr zu tun haben würde. Wir planten alles mit einer neuen Variablen im Hinterkopf: Was wäre dann, wenn wir ein Kind mit Down-Syndrom bekommen? Was würde das für unsere Pläne bedeuten? Der August ging wie im Flug vorbei. Unser Urlaub am Meer mit der ganzen Familie, das Sommerferienprogramm, bei dem ich Mitarbeiterin war.

Der September brachte etwas ganz Neues für uns: ein Schulkind. Wie oft hörte ich Leute zu Ann-Céline sagen: »Jetzt ist Schluss mit lustig, der Ernst des Lebens fängt an.« Aber Christoph und ich freuten uns sehr, dass Ann-Céline jetzt in die Schule kam. Und sie war stolz darauf! Es war die richtige Zeit. Der Alltag änderte sich auf einen Schlag: Jetzt gab es Hausaufgaben zu erledigen. Christoph, Ann-Céline und Emma verließen das Haus früher (was ich sehr gemütlich fand, weil es mir mehr Zeit für mich gab). Ich überlegte, womit ich meine Energie und Zeit verbringen könnte. Es gab die Artikel, die Gedichte für Kinder, meinen Unterricht in Belgien (den ich an der Bibelschule dort ein- oder zweimal pro Jahr hielt), den Haushalt, die Supervision, die Gottesdienste, die Zeit auf dem Spielplatz, beim Basteln mit den Mädels… Emma kämpfte immer wieder

Als unsere Unterlagen per Post unterwegs an die Vermittlungstelle waren, fuhren wir in den Urlaub am Meer. Wir wussten nicht, was die Überprüfung bedeuten würde, aber wir waren zuversichtlich und genossen unseren Familienurlaub sehr.

gegen Bronchitis, da gab es auch mal Sorgen, Arztbesuche, schlaflose Nächte. Insgesamt war das Leben voll, aber doch sehr lustig und, was mich betrifft, immer ein bisschen chaotisch. Wir nahmen uns immer wieder Zeit, um mit den Mädchen über die Adoption zu reden. Es war nicht so einfach zu erklären. Sie hörten regelmäßig davon. Im Flur hing der wunderschöne Wandkalender *A little extra* mit Porträts von Kindern mit Trisomie 21. Die Fotografin Conny Wenk hat selbst eine Tochter mit Down-Syndrom. Diesen Kalender hatte ich in der Buchhandlung geschenkt bekommen. Es war im Juni, da kauft man keinen Kalender mehr, oder? Aber ich entdeckte dieses Prachtstück hinter der Theke, wollte es unbedingt noch kaufen. Ich fragte die Verkäuferin danach und sie sagte. »Ah, kommen Sie, ich schenke ihn Ihnen.« Ann-Céline und Emma gewöhnten sich an die Zeichen von Trisomie 21. Und sie erkannten, wenn ein Mensch Down-Syndrom hatte. Einmal, als wir Ann-Céline und Emma zum Spielhaus brachten, um einen Nachmittag zu zweit zu verbringen, zeigte Emma auf einen Jungen und sagte ganz laut: »Gell, Papa, so einen wollen wir adoptieren?« Oh, là, là, wo ist das nächste Mauseloch, bitte?

Wir versuchten zu erklären, was Adoption ist. Ich bin mir nicht sicher, ob meine Erklärungen gelungen waren. Uns war es wichtig, liebevoll über die leiblichen Eltern zu reden. Aber wie erklärt man einer Vier- und einer Sechsjährigen, dass manche Eltern ihre eigenen Kinder nicht behalten wollen? Wie viel sagt man über das Down-Syndrom? Immerhin wissen wir, dass manche Leute damit ganz schön weit kommen. Aber ja, es waren Worte nötig, weise Worte, ein hoffnungsvoller Blick und auch Vertrauen in unsere Mädchen. Wir erklärten, dass manchmal Babys mit Krankheiten oder Behinderungen geboren werden, und dass es Eltern gibt, die nicht wissen, wie sie sich da um das Kind kümmern können, und es dann lieber an jemand anders geben. Wir redeten über das Down-Syndrom und sagten: »Das Kind braucht mehr Zeit, um Sachen zu lernen und tun zu können.« Der Rest war irgendwie unklar und hieß: »Also Mädels, wir wissen nicht, wann wir ein Kind bekommen, und wir müssen erst ganz viele Termine wahrnehmen, um mit Menschen zu reden, die sich auskennen und die Familien für die Babys suchen müssen. Dann fragen sie uns, ob wir das Kind wollen, und es wird in unsere Familie kommen.« Ja, egal wie lang ich Psychologie studiert hatte, ich fand es super schwer, meinen Töchtern das Ganze zu erklären. Wir wollten ihnen auch keine Last aufbürden. Und so haben wir die Mädels nie gefragt, ob sie mit uns einverstanden waren oder nicht. Wie hätten sie die Situation einschätzen können? Nein, es war unsere eigene Entscheidung und es war einfach wichtig, dass es so blieb. Wir waren nicht naiv und dachten nicht: »Wow, super, wie cool, meine Mädchen werden für immer ein Geschwisterkind mit einer Behinderung haben.« Wir wussten, dass es eine ganz schöne Herausforderung für sie sein würde, aber wir wussten auch vom Reichtum, den dieses Kind mit sich bringen würde. Und so redeten wir mit unseren Töchtern über unsere Entscheidung und beteten für Weisheit, Takt, Verständnis und immer wieder genügend Humor. Es beschäftigte unsere Mädchen schon, was da geschah. Emma kam vom Kindergarten zurück mit einem sehr schönen Familienbild. Da stand ein Papa, eine Mama, zwei Kinder und drum herum ein Krokodil und eine Rakete, und mittendrin, in einer anderen Farbe, ein Baby, mit zwei Augen, die sehr komisch aussahen... ein Baby, das nicht wirklich dazugehörte, aber fast, und das nicht ganz normal zu sein schien. Ich denke, dass sie irgendwie alles auf ihre Art gemalt hatte.

Und dann kam die Antwort der Vermittlungsstelle und wir bekamen unseren ersten Termin: Ende Oktober 2011. Dabei wussten wir noch nicht, wie lange diese Prozedur dauern und wie sie sich auf uns auswirken würde. Ich erwartete alle Arten von Fragen, und wusste, dass es emotional sehr anstrengend sein könnte. Aber wir waren bereit, einen langen Prozess auf uns zu nehmen, weil wir das Ziel kannten, und es war es uns wert. Wie eine schwangere Frau, die damit leben muss, dass sie vielleicht ihre Zehenspitzen nicht mehr sieht, ständig nachts aufs Klo muss... Alle Unannehmlichkeiten während der Schwangerschaft und sogar die Schmerzen bei der Geburt sind gar nicht mehr so schlimm, wenn man endlich sein Baby im Arm hält. Und so war für uns diese Phase. Aber ich wusste nicht, dass es mir so nahe gehen würde. Besonders das erste Treffen war für mich anstrengend. Wir waren wieder in Stuttgart und saßen am Tisch, zu viert. Ich, die als Psychologin immer wieder mit Leuten und Gruppen redet, war nicht daran

Als beim Hausbesuch auch unsere Mädchen interviewt wurden, wusste ich schon, dass alles gut gehen würde: bei ihrer offenen und lustigen Art!

gewöhnt, auf der anderen Seite des Tisches zu sitzen. Christoph war wie immer ruhig und selbstsicher. Für ihn war es klar, er wollte offen sein, aber er wusste und sagte auch deutlich: »Liebe Leute, wir wollen gerne dieses besondere Kind und denken, dass wir fähig sind, es anzunehmen und zu lieben, aber wenn es nicht passt, dann haben wir selber eine Chance, ein drittes Kind zu bekommen.« So blieb er ruhig, als die Fragen kamen. Er beantwortete jede Frage mit derselben Gelassenheit. Und ich, oh du liebe Zeit, ich stand unter Strom, ich konnte mein Gehirn nicht stoppen, es analysierte alles, jede Frage, jede Antwort meines Mannes. Ständig dachte ich: »Was wollen die hier wissen? Was denken sie?« Dabei waren die beiden Sozialarbeiterinnen sehr kompetent, respektvoll, ihre professionelle Art und ihr offenes Zuhören schaffte eine vertrauensvolle Atmosphäre – aber ich konnte nicht anders, ich drehte alles dreimal in meinem Kopf herum. Der Termin dauerte drei Stunden, und ich hatte das Gefühl, dass mein Leben wie ein Apothekerschrank war, und dass eine Schublade nach der anderen aufgemacht und untersucht wurde. Und dabei haben diese Frauen so taktvoll gearbeitet, aber es bleibt halt, dass man nicht immer gerne seine »emotionale Unterwäsche« zeigt. Sie hatten unsere Lebensberichte aufmerksam gelesen und hatten ein paar gute Fragen, manche trafen auch wunde Punkte in mir. Es war so ein intensiver Moment, ich denke dass ich in drei Stunden den ganzen Regenbogen an Gefühlen durchmachte. Ich war so froh, Christoph an meiner Seite zu haben, und werde niemals seine Antwort vergessen, als es um das Thema »Warum habt ihr euch ineinander verliebt?« ging. Weniger romantisch als unsere Antworten geht es wahrscheinlich nicht. Es gab nichts mit schönen Augen, Schmetterlingen im Bauch oder so etwas. Nein, ich sagte etwas wie: »Weil Christoph ein Querdenker ist, er hinterfragt alles.« Und er? Seine Worte waren eine wunderschöne Liebeserklärung und ließen mein Herz schneller schlagen: »Ich habe mich in Rebecca verliebt, weil sie immer wieder Fragen stellt, und weil sie immer wieder aufsteht und weitergeht, egal wie schwer es gerade ist.« Nach diesem Termin war ich platt, unsicher, irgendwie leer. Gut, dass es Freunde gibt, die einem zuhören, denen man alles sagen darf. Und ich war so froh am nächsten Tag Susanne zu treffen, und sie war wieder da, um zuzuhören.

Der zweite Termin war der Hausbesuch. Ich war gestresst! Ein offizieller Hausbesuch in meiner schön gemütlichen, aber oh wie chaotischen Wohnung. Da ein Wäschekorb voller nicht zusammen gelegter Kleidung, Bücher überall, »Kruscht«, Spielsachen und Staub (gerade genug, um gesund zu bleiben). Und jetzt sollte ich einen Hausbesuch überstehen? Ich setzte mich hin, machte einen Plan und räumte auf. Und dabei sagte ich immer wieder: »Wir haben nichts zu verstecken, außer in unseren Schränken.« Christoph kam einmal von seiner Arbeit nach Hause und blickte verzweifelt in mein Büro, ich hatte meinen Schreibtisch nach vorne geschoben und alles Mögliche dahinter gefunden. Er machte große Augen und sagte: »Also, Rebecca, du weißt, dass es theoretisch besser werden sollte?« Ich lachte herzlich mit ihm und machte weiter. Und so sah unsere Wohnung am Ende immer noch gemütlich aus, aber ein bisschen ausmisten hatte ihr nicht geschadet. (Die Fenster hatte ich nicht geputzt, hey, es sollte auch echt aussehen, oder?) Ein paar Tage vor diesem Besuch fand ich vor meiner Haustür eine Überraschung, »etwas für die Seele, etwas für das Herz und etwas für der Köper«. Es waren Blumen, Schokolade und eine wunderschöne Karte. Das fühlte sich so gut an: ein Zwinkern Gottes.

Die Mädchen sollten bei diesem Gespräch dabei sein, zumindest am Anfang. Unsere Sozialarbeiterin wollte sie treffen und mit ihnen über die Adoption reden. Ich wusste, dass alles gut gehen würde. Ann-Céline und Emma sind sehr offen, mit einem geschärften Denkvermögen und auch sehr sozial. Sicher würden sie das Herz von Frau Schmidt[*] in null Komma nichts gewinnen. Und so war es auch. Die Mädchen zeigten ganz stolz ihre Zimmer. Zwei rosa Betten, Bücher, Kuscheltiere, Puppen und ein Lesesessel für die Gute-Nacht-Geschichte. Wir saßen da eine Weile zusammen. Dann kam diese Frage: »Wisst ihr, was eine Adoption ist?« Ich holte tief Luft und wartete gespannt auf die Antwort. Eine meiner Töchter sagte lächelnd und selbstsicher: »Ja, es ist ein bisschen wie in einen Spielwarenladen zu gehen und sich ein Baby rauszusuchen und es danach mitzunehmen.« Oh, là, là, ich dachte nur: »ohhhh, hahaha, oh, là, là« und blickte schräg, aber lächelnd, auf die Sozialarbeiterin und

---

[*]   Der Name wurde geändert.

dachte: »Und ich bin Diplompsychologin.« Ich fand es aber gut, dass meine Töchter da ganz ehrlich antworteten und Frau Schmidt erzählte ein bisschen über die Adoption (und gab mir danach liebevoll einen guten Buchtipp, um mit Kindern darüber zu reden). Unsere junge Nachbarin kam dann, um mit den Mädchen zum Spielplatz zu gehen, damit wir dieses Interview weiterführen könnten. Ich hatte Hefezopf gebacken und diesmal war ich viel ruhiger. Ich fragte: »Denken Sie, dass es passt? Dass es ein guter Weg für uns ist, diese Adoption zu wollen?« Frau Schmidt nickte und gab uns Kontaktadressen von anderen Familien, die auch so eine Adoption erlebt hatten. Sie fragte noch manches, aber es war diesmal eher ein Gespräch als ein Interview. Sie gab uns auch praktische Informationen über die ganzen rechtlichen Fragen und ich war mal wieder froh, dass Christoph so etwas mit links kapiert. Danach war ich richtig müde von dem ganzen Aufräumen, aber auch in meinem Herzen. Müde, aber glücklich und voller Frieden.

Der nächste Termin war am 6. Dezember 2011 geplant: Nikolaustag. Diesmal fuhren wir nach Stuttgart, damit war es weniger stressig als ein Hausbesuch. Dort erwartete uns eine große Überraschung (und eine kleine): Es war der letzte Termin, der vor uns stand. Das Team war sich sicher: Mit diesem Treffen war unsere Überprüfung abgeschlossen und damit bekamen wir die Anerkennung, die nötig war, um Adoptiveltern zu werden! Es war offiziell, wir waren in die Bewerberkartei aufgenommen. Ja, ja, ja, das war ein großer Schritt! Sie hielten uns für geeignet, um ein Kind mit Down-Syndrom zu adoptieren. Die kleinere Überraschung war, dass diese Eignungsprozedur mit einer Rechnung kam (was normalerweise klar ist, aber irgendwie hatten wir es nicht mehr im Blick). Die Summe zu bezahlen war nichts im Vergleich mit der Arbeit, die dieses Team für uns geleistet hatte. Und Gott war so nett und hatte alles schon im Voraus geplant. Genau in dieser Woche kam wegen eines Vertrags als freiberufliche Psychologin so viel Geld, wie wir brauchten, auf unser Konto, um es gleich zu zahlen. Sorglos konnten wir alles regeln: *Jehovah Jireh* (Gott, mein Versorger). Eine letzte Frage und alles war vorbei: »Wie schnell sind Sie bereit, ein Kind aufzunehmen? Brauchen Sie erst mal eine Pause?« Christoph und ich schauten uns an. (Ich dachte: »Wow, vielleicht noch dieses Jahr, vielleicht bekommen wir unser drittes Kind noch 2011!«) »Es darf kommen, alles ist gut, wir brauchen keine Pause, wir sind bereit.« Also, waren wir bereit? Ja, von Herzen gerne. Wir verließen diesen Ort völlig bewegt, stark verliebt ineinander. So nah, Christoph und ich, so dankbar, tief glücklich, zusammen unterwegs zu sein. Wie zwei schmelzende Metallstücke, die sich zusammenschweißen.

An diesem Tag besuchten wir noch ein Konzert von Daniel Kallauch in Baiersbronn. Ein Familienkonzert: Ich fand, das war das perfekte Nikolausgeschenk für unsere Mädchen. Es war sein Winterkonzert, ein Hauch Weihnachtsstimmung, Kinder in großer Zahl mit leuchtenden Augen, wenn Rabe Willibald mal wieder etwas angestellt hatte, und Eltern, die auch lachten. Es war eine wunderschöne Zeit und ich sah gleich am Eingang eine Mama mit ihrem Baby, einem wunderschönen Baby mit Down-Syndrom. Beim Konzert konnte ich sehen, wie ihr Kind in ihrem Arm lag und wie sie liebevoll mit ihm lachte, wie es einschlief.

Daniel Kallauch sang: »Gott kommt kleiner, als wir denken, Gott kommt völlig unscheinbar. Gott kommt, um sich zu verschenken, Gott kommt, und er bleibt uns nah.«

Die Worte dieses Liedes trafen ins Schwarze. Gott kam mitten in unsere Welt, er stellte die Werteskala auf den Kopf. In diese Welt, wo es so wichtig ist, groß zu sein, Macht zu haben, angeben zu können, genau da kommt Gott so klein, so schwach und so arm. Ein Baby, das man trösten muss, tragen und füttern muss. Der König der Welt, in Windeln gewickelt.

Bei mir kullerten die ganze Zeit die Tränen, ich konnte nicht mehr aufhören zu weinen. Die Texte seiner Lieder erzeugten ein Echo in meinem Herzen. Und als ich das kleine Baby (den kleinen Lukas, den ich jetzt kenne) und seine Mama ansah, erzeugte das bei mir ein Feuerwerk der Gefühle, und ich wusste: »Wir bekommen auch so ein Baby, ich weiß noch nicht, wann, aber es kommt und es wird mein Baby sein, mein Kind.« Daniels Stimme hörte ich noch sanft singen: »Jesus hat sich klein gemacht, Jesus kam von ganz weit oben, hat dabei an mich gedacht, komm wir woll'n Gott loben!« Ich blickte auf meine Töchter, auf Christoph und weinte einfach. Und dabei wusste ich gar nicht, dass mein Baby schon im Bauch seiner Mama wuchs, in Sicherheit und geliebt. Aber Gott wusste es und er passte gut auf uns alle auf, als wir unterwegs mit ihm waren: Schritt für Schritt.

II. Eine echte Achterbahnfahrt!

1. Schwanger, aber wie lange noch?

WIR WAREN JETZT SCHWANGER, GANZ offiziell. Schwanger ja, aber in welchem Monat? Das wusste keiner von uns so genau. Die Vermittlungsstelle hatte uns gefragt, ob wir gleich bereit wären. Und wir hatten ja gesagt. Ich war überzeugt, dass in null Komma nichts ein Anruf kommen würde und gleich unser drittes Kind in meinen Armen liegen würde. Aber nein, zunächst war es ruhig, ganz ruhig. Und ich war so aufgeregt, unsere Töchter auch, das merkte man gleich, sobald das Telefon klingelte, weil die zwei manchmal einfach durch die Gegend sprangen und »Ein Baby! Ein Baby!« riefen. Aber, nein, dieser Anruf kam nicht. Tage vergingen, Wochen und dann Monate. Für mich war diese Spannung schwer zu ertragen. Ich saß zwischen zwei Stühlen. Das Leben ging weiter und war ausgefüllt, aber etwas anderes sollte noch kommen. Nach einer Weile musste ich mich beruhigen, wieder auf den Boden kommen. Es gab zunächst kein Kind, das uns brauchte. Diese Tatsache machte mich nachdenklich. Vielleicht war ich auch ein bisschen beleidigt. So nach dem Motto »Ich habe doch ja gesagt, worin bitte besteht die drängende Not, wenn keiner uns braucht?«. Es war viel los bei uns, neue Projekte für mich, Christoph hatte immer mehr Verantwortung. Beide Töchter waren in Schule und Kindergarten und ich konnte die paar Stunden allein daheim gut nutzen und sogar genießen. Für mich war es sehr angenehm, Ann-Céline und Emma waren größer geworden. Sie konnten (zum Beispiel) beide allein die Treppe hinauf- und hinuntergehen, ich musste keine Windeln mehr wechseln, nicht mehr stillen. Für eine Mama sind diese kleinen Details ein großer Schritt in die Freiheit. Das wusste ich und ab und zu kamen mir Zweifel. Wenn ich die Treppen hochging, dachte ich plötzlich: »Rebecca, bald hast du ein Baby noch dazu, bist du eigentlich bereit, deine lang ersehnte Komfortzone zu verlassen?« Es schwebten viele Fragen in der Luft. Was steht vor uns? Wann kommt ein Kind? Wie alt wird es sein? Wie wird sich unser Leben verändern?

Ich musste erst einmal aus dem Modus der »Alarmbereitschaft« herauskommen und feststellen: Diese Schwangerschaft wird vielleicht doch länger dauern als gedacht. Auch für die Mädchen rückte dieses Thema langsam in den Hintergrund. Es war so einfach gewesen, als ich mit Emma schwanger war. Am Ende konnte ich Ann-Céline erklären: »Nur noch dreimal in den Gottesdienst gehen und dann, normalerweise, wird deine kleine Schwester da sein.« Aber bei dieser Schwangerschaft war es unmöglich, so etwas vorauszusehen. »Irgendwann, vielleicht heute, oder in ein paar Monaten kriegen wir einen Anruf und dann müssen wir schnell reagieren und dann werden wir ein Baby besuchen … und vielleicht wird es unser Baby sein.« Es gab keine klaren Antworten, nichts Konkretes, keinen Babybauch, der wächst, kein Zimmer zu streichen, keine Kleider auszusuchen. Es war einfach ungewöhnlich für uns alle.

Wir redeten immer wieder über die Adoption, auch mit unseren Freunden und Bekannten. Nein, ich wollte es nicht jedem sagen. (Ich dachte immer: »Ja und was ist, wenn wir kein Baby kriegen?«) Dabei hörte ich ab und zu diesen Satz: »Da nehmt ihr aber eine Aufgabe auf euch! Da habt ihr was vor!« Ah ja, diese Bemerkungen hören wir heute immer noch. Aber damals berührten mich diese Worte tiefer. Einmal sagte ich unter-

Wir versuchten immer wieder, die ganze Spannung des Wartens zu vergessen. Wir wollten nicht nur in Zukunftsgedanken schwimmen, sondern das Leben jetzt genießen.

wegs einem Kollegen: »Manchmal wünsche ich mir, dass Gott mir jemanden schickt, der mir klar sagt, ob wir uns überfordern oder ob alles gut laufen wird. Andererseits: Nein, eigentlich will ich das nicht, ich will die Entscheidung selber treffen, nicht, weil jemand mir das oder das gesagt hat.« Er erwiderte: »Und was, wenn es der richtige Weg für euch ist, aber nicht alles gut wird?« Oha, damit hatte ich nicht gerechnet. Ich lachte und wusste, er hat recht, selbst wenn ich es nicht hören will.

Christoph hatte immer mehr zu tun, ich auch, und diese Menge an Aufgaben verunsicherte mich mächtig. Würden wir wirklich zurechtkommen? Ich verbrachte viel Zeit, um morgens zu laufen und dabei Musik zu hören, immer wieder schickte ich Gott meine Fragen, meine Zweifel, meine Pläne. Ich hatte das Gefühl, an verschiedenen Fronten kämpfen zu

Am Meer entlang laufen und mit Gott reden, ab und zu schweigen und in den Wellen seine Stimme hören. Den Sonnenuntergang alleine mit dem Schöpfer genießen: herrlich!

müssen. Bereit sein, aber warten können, normal weiterleben, aber doch keine größeren Pläne machen … bis … ja, bis was? Wir waren ständig erreichbar für die Vermittlungsstelle, aber es blieb alles wie vorher. Hatten wir uns geirrt? Und hoppla, ich machte wieder eine Runde Gedankenkarussell im Kopf und fing an, alles in Frage zu stellen. Christoph war erstaunt, wie ich tausend Mal dieselbe Entscheidung treffen wollte. Immer wieder geriet ich in einen Sumpf voller Unsicherheiten. An Pfingsten fuhren wir in unseren Familienurlaub nach Belgien. Wir wollten zwei Wochen zusammen am Meer entspannen und ein bisschen Zeit mit meiner Familie verbringen. Diesen Urlaub hatten wir nötig. Dort nahm ich mir oft Zeit, um am Meer spazieren zu gehen. Allein mit Gott – ich finde ihn immer so nah dort. Durch den Wind und die Wellen ist es, als würde ich ihn hören. Ich fragte ihn immer wieder, was er von mir wollte. So etwas wie: »Ich weiß, dass du mich lieb hast, aber was sollte ich für dich tun?« Hektisch fragte ich mehrmals und machte Gott Vorschläge und einmal, als ich mich umdrehte, um wieder nach Hause zurückzugehen, schien es mir, als ob Gott sagte: »Rebecca, könntest du dich nicht mal richtig entspannen und mir einfach vertrauen?« Der Wind massierte meinen Rücken und ich musste fast lachen. Ich dachte: »Oh, là, là, entspannen.« Es erinnerte mich stark an Ann-Céline, als sie das Schwimmen lernte. Sie wusste, wie das Schwimmen geht, aber es klappte plötzlich doch nicht mehr. Sie war zu nervös, bewegte sich zu schnell und ging dabei unter. Ich nahm sie auf meine Arme, legte sie auf ihren Rücken. Sie war ganz ruhig, meine Hände trugen sie, aber immer weniger. Irgendwann sagte sie: »Aber Maman, das Wasser trägt mich.« Ja! Ja, genau, Ann-Céline, du bist getragen, wenn du im Wasser bist. Und so drehte sie sich um und fing an zu schwimmen, souverän und fröhlich. Und so war es für mich auch, Gott war doch da. Ich wusste, dass er mich lieben würde, ob ich nun ein Kind mit Down-Syndrom adoptieren würde oder nicht. Aber ich wollte so gerne das Richtige machen, genug tun, in dieser Welt etwas Positives beitragen. Und dabei vergaß ich völlig, dass ich ihm vertrauen konnte, dass ich in ihm ruhen durfte. Ich wusste mich verwöhnt und es war mir wichtig, zu teilen, nicht nur ein bisschen zu teilen, sondern mehr zu erleben, als vor mich hin zu leben. Aber doch war der nächste Schritt nicht so klar, oder eher nicht wirklich einfach. Im Grunde genommen mag ich große Änderungen nicht und jetzt plante ich so etwas wie eine riesige »Überraschungsparty« für unser Familienleben. Von allen diesen Spaziergängen mit Gott am Meer nahm ich etwas mit in meinem Herzen. Er hatte mir wieder ins Ohr geflüstert, wie wichtig es war, »entspannt« zu sein, zu vertrauen, nicht nur herumzurennen. Und er hatte mir auch gezeigt, wie wichtig es für uns ist, ein gutes Netzwerk zu haben. Ich sah die Muscheln am Strand, die fest in den Sand gedrückt waren und die das Wasser nicht wegschieben konnte. Ich dachte: »Ich werde auf alle Fälle unsere Freunde fragen, ob sie für uns beten und ob sie uns auch Halt geben können.«

Meine Mutter kam auch ein paar Tage ans Meer. Sie schlug vor, sich um die Kinder zu kümmern, wenn wir an einem

Abend nur zur zweit zusammen essen gingen. Danach liefen wir lange die selbe Straße rauf und runter und dann am Deich entlang. Wir redeten viel über Gott und die Welt und ich erzählte Christoph wieder einmal alle meine Zweifel, Ängste, Fragen. Wir überlegten zusammen, bis er mir erklärte: »Ehrlich, ich bin überzeugt, dass du es bereuen würdest, wenn wir jetzt die Prozedur stoppen würden. Es ist doch für uns der richtige Zeitpunkt.« Er hatte mal wieder eine größere Portion Zuversicht als ich. Für ihn gilt dieser Plan: »Wenn Gott uns kein Kind geben will, dann werden wir keines bekommen. Aber wir müssen dran bleiben, bitte gib jetzt nicht auf.«

Es bewegten mich so viele Gefühle während dieser zwei Wochen am Meer. Wie wenn der Wind ständig in meinem Herzen und meinem Kopf wehte. Mitten in diese Fragezeichen kam ein Sonnenstrahl und brach durch meinen innerlichen Nebel. Er war so stark, dass ich wieder begriff, wo es lang ging. Dass ich endlich wieder wusste: »Hier, wo ich bin, mit unseren Plänen, bin ich richtig.« Es war ein eher kalter Nachmittag und wir wollten mit unseren Mädchen nach draußen gehen. Am Meer war es unangenehm zum Spielen, deshalb entschieden wir uns, zum Spielplatz zu gehen. Dort trafen wir unsere Nichten und meinen Schwager Ben. Zu zweit saßen wir auf einer Bank und beobachteten die Kinder. Nach einer Weile kam eine »besondere Gruppe« angerannt. Ein paar Kinder mit Behinderungen und ihre Begleiter. Benjamin sagte mir ganz selbstverständlich: »Oh, du freust dich sicher, diese Kinder zu sehen, du kannst ein bisschen an euer zukünftiges Kind denken, oder?« Oder nicht! Ich sah die Kinder an, und mich überfiel so eine starke Angst. Ich dachte: »Was mache ich bloß?« Ich antwortete dann ganz ehrlich: »Nein, Ben, eigentlich habe ich Bauchschmerzen. Wenn ich diese Gruppe anschaue, bekomme ich Bauchschmerzen, es macht mir Angst.« Mein

Schwager kannte diese »besondere Welt« gut. Er hatte schon seit Jahren mit Erwachsenen mit geistiger Behinderung gearbeitet. Er schwieg respektvoll und ich schaute mich um. Meine Mädchen, beide »normal«, sprangen von der Schaukel zur Rutsche und spielten so schön, ich hatte sie beide so lieb. Ich dachte: »Aber eigentlich, was macht meine Kinder wertvoller als diese anderen Kinder? Gibt es Kinder zweiter Klasse? Wieso sind sie weniger wichtig?« Als ich in meine »philosophischen Gedanken« vertieft war, lief ein kleiner Junge vor meine Augen und stoppte kurz. Er war verträumt, seine Bewegungen waren so typisch, die Gesten eines Kindes mit Autismus. Als er da vor mir stand, fiel ein Sonnenschein auf ihn und ließ seine blonden Haare glänzen. Wie wenn Gott seine Hand ausstreckte und diesen Kinderkopf streichelte: »Ich habe ihn so lieb.« Da waren bei mir die Bauchschmerzen weg, und ich dachte: »Ein geliebtes Kind. Jedes Kind hat das Recht, geliebt zu sein, egal ob behindert oder nicht, jedes Kind hat das Recht, eine Familie zu haben.« Meine Augen waren weit offen, mein Herz auch. Und ich sah ein kleines Mädchen mit Brille und einem extra Chromosom. Ich spürte, wie die Liebe sich in mir breit machte, ganz neu, kein Nebel mehr. Sie verlor ihre Brille und ich half ihr, kniete hin, um ihr die Brille wieder aufzusetzen. Sie strahlte mich bis in die Seele an und ich dachte: »Oh, ich wäre so gerne die Mama eines so wunderschönen Mädchens.«

2. Eine Abkürzung, die keine war

ICH KAM VON UNSEREM URLAUB zurück, fest entschlossen, etwas zu bewegen. Ich wollte endlich ein Kind aufnehmen und dachte irgendwie, dass Gott vielleicht ein bisschen Hilfe gebrauchen könnte. Ich wollte aktiver in dem Prozess sein, die Warterei nagte an mir. Ich wollte nicht mehr vertrauensvoll warten, sondern etwas tun. Also nahm ich mein Telefon und rief in Belgien an. Die Vermittlungsstelle dort hatte gerade kein Kind mit Down-Syndrom zu vermitteln, aber sie wollten gerne mit uns in Kontakt bleiben. Ich übersah völlig die Tatsache, dass Belgien ein anderes Land ist und dass wir uns für eine Inlands-Adoption beworben hatten. Ich wollte nicht mehr so viel nachdenken, ich wollte einfach ein Kind, ja, ein Kind. Hinterher ist man immer schlauer, oder?

Ich surfte im Internet und stellte fest, dass es in Frankreich Kinder mit Down-Syndrom gab, die noch auf Eltern warteten. Und in der Tat rief mich der Mitarbeiter der belgischen Vermittlungsstelle zurück. »Ja, es gibt Babys in Frankreich, die Eltern brauchen.« Ich übersetzte unsere Unterlagen, sammelte Bilder und schickte alles hin. Wir waren überprüft, wir waren in der Warteschleife – und diese Kinder auch. Mir schien alles so logisch.

Der nächste Anruf war unfassbar rührend. Ich versuchte ruhig zu bleiben, als ich zuhörte. »Es gibt einen Jungen, er ist ein Jahr alt, lebt gerade bei einer Pflegefamilie. Praktisch gibt es aber noch ganz viele Fragen. Ich weiß, wie er heißt, aber ich möchte Ihnen zunächst den Namen nicht nennen, damit Sie sich nicht zu schnell emotional an ihn binden.« Ich fing an, mir diesen Jungen in unserer Familie vorzustellen, ich träumte davon, seine Mama zu werden, und Christoph suchte nach rechtlichen Antworten. Wie sollte eine Adoption zwischen Deutschland und Frankreich funktionieren? Er las viel (besonders über die Haager Konvention von 1993 über internationale Adoptionsrechte), rief Verwaltungsbeamte an, fragte Experten... Die waren alle ganz nett zu ihm, waren sehr beeindruckt von unserem Vorhaben, aber es war immer wieder klar: Einfach wird es nicht sein. Ich betete viel für dieses Kind, schaute mir die Jungs an, die um uns lebten, plante innerlich (die Reise nach Frankreich, die Zimmer hier und so weiter), und bat manche Freunde, mit zu beten (mehr konnte man auch nicht tun). Wir sagten auch den Mädchen, dass wir vielleicht einen kleinen Jungen aus Frankreich adoptieren würden... *Vielleicht*. Eine der wichtigsten Beamtinnen, die uns helfen konnte, war im Urlaub. Ich träumte von einer Adoption in den nächsten Wochen. Ich hatte Kontakt mit den Ansprechpartnern aus Frankreich aufgenommen, die warteten auf eine Zusage der deutschen Adoptionsstelle: War es gesetzlich überhaupt möglich, ein Kind aus Frankreich aufzunehmen, oder nicht? Es war uns klar, dass das kein Spiel war, es ging um internationales Recht, um Gesetze, um ein Kind, um unsere ganze Familie...

Es war kompliziert, viel komplizierter, als Ann-Céline und Emma zu zeugen, ich gebe es zu. Fand ich es ungerecht, dass der Prozess so kompliziert war? Nein, oder doch, manchmal schon. Wir wollten etwas Gutes tun und dieser Junge hatte keine Familie. Eins plus eins macht zwei, vier plus eins macht fünf: eine Familie. Aber so einfach war das nicht. Es war ein Labyrinth und ich wusste wohl, dass es keine Abkürzung gab und dass es nicht helfen würde, sich zu ärgern. Aber ich dachte oft an Eltern, die keine Kinder haben, und die in der Maschinerie von Papierkram, Telefonaten, Treffen und Regeln steckenbleiben oder sogar ihre Motivation oder die Hoffnung auf dem Weg verlieren. Man muss sich manchmal bücken, ab und zu sich auch ein bisschen klein machen, hoffen, dass man die richtigen Leute trifft, die richtigen Infos findet, dass es doch ein Kind gibt und dass man es bekommen würde. Und innerlich bewegt es etwas, es verunsichert einen. Erst denkst du vielleicht, dass du einen »Dienst« anbietest, aber eigentlich bist du auf der Seite des »Kunden«. Du möchtest ein Kind, schön und gut, bist fertig überprüft, schön und gut, aber ob du ein Kind bekommen wirst? Das bleibt zunächst die Frage, oder tausende Fragen. Geduld und Ausdauer braucht man dabei.

Also, wir waren mitten in diesem Labyrinth. Durften wir eigentlich dieses Kind adoptieren? War es möglich? War dieses Kind unser zukünftiger Sohn? Wer würde es uns endlich sagen? Und selbst wenn es auf deutscher Seite kein Problem gäbe – würde die Entscheidung in Frankreich auch positiv ausfallen? Und dann, wie lange und wie oft müssten wir nach Frankreich fahren? Wie sollte dieser Junge sich an uns gewöhnen? Wie wird es mit den Sprachen? Jetzt, da ich die Liste von Fragen schreibe, muss ich zugeben, dass es vielleicht ein bisschen verrückt war. Aber damals steckten wir bis zum Hals in der Situation. Ich plante, ohne zu planen, hoffte, ohne wirklich zu wissen worauf. Ich wollte flexibel bleiben, aber es gab so viele Fragen. Und dieses Kind war schon ein Jahr alt und hatte immer noch keine Familie, weil keiner ihn als Sohn wollte, vielleicht weil alles kompliziert war, vielleicht weil man nicht genug nach Eltern gesucht hatte... oder vielleicht nur, weil er Down-Syndrom hatte.

Wenn ich gewusst hätte, was vor mir lag, dann hätte ich alles in Gottes Hand gelassen und hätte nur noch ein paar Wochen in Ruhe gewartet, bis... uns eine Tochter gegeben wurde.

Aber das wusste ich noch nicht und so regte ich mich auf und wartete gespannt auf den einen wichtigen Termin mit der Expertin für »Auslands-Adoption«.

Als dieser Tag endlich kam, waren wir wieder zu zweit nach Stuttgart unterwegs. Wir betraten ein altes Gebäude, warteten kurz unten, dann ging es nach oben, in einen alten Konferenzraum. Der Tag war heiß, ich weiß nicht mehr, wie lange die Fenster offen blieben, aber ich konnte hören, wie draußen das Leben spielte (Baustellen, Autos, Kinder). Im Saal saßen wir zu viert: zwei Fachfrauen für internationale Adoption und wir. Wir schilderten wieder die Situation, beantworteten ein paar Fragen und hörten genau zu, was uns erklärt wurde. Es war sehr interessant, aber auch herausfordernd. Manche dieser Fragen schienen mir wie ein Versuch zu sein, uns wachzurütteln. »Wisst ihr, was euch erwartet mit der Adoption eines Kindes mit Down-Syndrom? Und was es für eure zwei großen Töchter bedeutet?« Ich musste kurz schlucken, aber ich wollte ehrlich und offen sein, deshalb sagte ich: »Nein, das weiß ich nicht, ganz ehrlich, ich weiß es nicht. Aber wenn meine Töchter lernen, dass man nicht die hübscheste, erfolgreichste, intelligenteste Person sein muss, um geliebt zu sein, dann haben sie schon etwas Wertvolles dabei gelernt.« Das Gespräch war sehr bereichernd, aber wir gingen irgendwie »besiegt« heraus.

Die Adoption in Frankreich hätte eine internationale Überprüfung benötigt, es war nicht möglich, das zu umgehen, auch nicht zu verkürzen, es hätte uns wieder Zeit (ein bis zwei Jahre), Geld (viel Geld) und Energie gekostet. Ich schaute Christoph an und beide wussten wir: »Nein, nicht um diesen Preis.« Während des Gesprächs erklärte eine der Expertinnen, wie groß die Not auch in Deutschland sei. Sie sagte: »Es kommen regelmäßige Anfragen für Kinder mit Down-Syndrom, wir brauchen Sie auch hier in Deutschland, der Bedarf ist da.« Wir fuhren zurück nach Hause, ich war traurig, Christoph war zuversichtlich. Ich schrieb an die Beamtin in Frankreich, es tat mir leid, ihr zu sagen, dass es keinen Weg für uns gab, eine Familie für

Als wir erfuhren, dass es mit der Adoption in Frankreich nichts würde, vergaßen wir für ein paar Tage alles. Christoph baute unter den neugierigen Blicken unserer Mädels unser großes Traumsofa.

diesen Jungen zu werden. Sie fand es sehr schade. Und ich fiel in ein emotionales Loch. Ich fühlte mich ein bisschen, als ob ich ein Kind verloren hätte, wusste aber, dass es nie mein Kind gewesen war. Und so war es in mir wie eine verknotetes Wollknäuel.

Ich hatte keine Wahl, unsere Zukunft lenkte jemand anderes, jemand, der mehr wusste und es besser wusste als ich. Er sah auch vieles, was ich nicht sehen oder wissen konnte. So musste ich feststellen, dass ich mit meinem Aktivismus in Sachen Adoption mehr Arbeit erzeugt hatte als Lösungen.

Nach diesem Treffen erhielten wir noch eine Mail von den Frauen, die wir getroffen hatten. Eine liebevolle, Mut machende Mail, voller Respekt für uns und unser Projekt. Es war ein bisschen Balsam auf meine Seele. Es klang etwa wie: »Wir denken, dass es durchaus Ihr Weg ist, ein Kind mit Down-Syndrom zu adoptieren, und hoffen, dass es bald geschieht.« Das hofften wir auch. Wir ließen die Zügel ein bisschen locker. Wenn es so viele Anfragen auch in Deutschland gibt, dann warten wir halt noch. Also legte ich alles mal wieder in Gottes Hand (und auch in die Hände unserer guten Vermittlungsstelle), trauerte ein bisschen um diesen kleinen Jungen und bereitete meinen nächsten Aufenthalt in Belgien vor. Das Leben ging weiter. Dieser Adoptionsprozess war eine richtige Achterbahnfahrt der Gefühle für mich.

Übrigens: Ich durfte später erfahren, dass der kleine Junge in Frankreich eine Familie gefunden hat, und darüber freue ich mich sehr.

3. Ein Anruf – und unser Leben wird nie mehr dasselbe sein

ICH WERDE DIESEN SOMMER NIE vergessen. Nach dem erfolglosen Versuch, den Jungen aus Frankreich zu adoptieren, vergaß ich ein bisschen die Adoptionsfrage und konzentrierte mich auf unseren nächsten Aufenthalt in Belgien. Christoph war Camppastor auf einer Pfadfinder-Freizeit und während dieser Zeit wollte ich mit den Mädchen bei meiner Familie bleiben. Meine Schwägerin Michelle war zum Übernachten bei uns und wir hatten vor, Christoph am Sonntag auf dem Zeltlager zu besuchen. Wegen dieses Besuchs hatte Christoph sich extra eine Sim-Karte für sein Handy gekauft, damit er dort auch Empfang hatte (ja, die waren ein bisschen im Wald »verloren«). Er sagte noch beim Einkauf: »O Rebecca, das ist gut, diese Karte hat sogar einen Spezialtarif für Europa, ich kann dich auch günstig in Belgien anrufen.« Die Tatsache, dass Christoph bereit war, ein Handy zum Pfadfinder-Camp mitzunehmen, war ungewöhnlich. Normalerweise befolgt er sehr treu die Regeln, die besagen: »Kein Handy auf dem Zeltlager«. Er war schon einmal zehn Tage in Frankreich auf einem Europacamp gewesen und hatte mich höchstens zweimal angerufen, aber dass ich ihn erreichen konnte: niemals. Es klingt nach einem Detail, ist es aber nicht, diesmal war es keine Nebensache.

Am Montag war es soweit, wir hatten Christoph besucht, unsere kleinen Koffer und Rücksäcke waren bereit: etwas zum Essen, etwas zum Spielen und los ging's! Wenn ich nur noch meine Bahnkarte finden würde, wäre alles perfekt. Ich suchte und war sehr nervös und fand sie gerade noch auf dem Weg zum Bahnhof. Michelle fuhr Richtung Herrenberg, wir nahmen

Christoph im Zeltlager zu besuchen, ist immer ein spannendes Erlebnis. Inzwischen sind Emma und Ann-Céline mit dabei. Und ich bin ein paar Stunden dort, schnuppere ein bisschen Abenteuer-Luft und fahre dann liebend gerne nach Hause.

den Zug nach Karlsruhe. Wir nennen ihn den Bummelzug. Für den Beginn einer internationalen Reise ist er immer ein bisschen entmutigend, weil man so langsam vorwärtskommt. Als wir fast in Karlsruhe waren, klingelte mein Handy. Zuerst war ich überrascht, ich hatte offenbar die Weiterleitung von meinem Telefon auf mein Handy vergessen auszuschalten. Ich telefoniere nicht so gerne unterwegs. Ich nahm ab und hörte die Sozialarbeiterin sagen: »Frau Fischer, störe ich? Könnte ich mit Ihnen reden?« Ich dachte: Au wei, sie will sicher über den Versuch mit Frankreich reden, und war zuerst nicht so begeistert, aber ich sagte: »Ich bin im Zug, auf dem Weg nach Belgien, aber ja, wir können reden.« Die Verbindung war kurz schlecht und der Anruf dann plötzlich weg. Ich rief gleich Christoph an und sagte »Frau Schmidt hat angerufen, ich weiß nicht, was sie will, ich muss hier gleich umsteigen, du verstehst doch immer alles besser als ich. Magst du sie vielleicht zurückrufen?« Christoph war gleich einverstanden, aber als sich die Tür unseres Zuges öffnete, klingelte mein Handy wieder. Ich zeigte Ann-Céline und Emma die nächste Bank und meinte mit meinem bestimmtesten Blick: »Da bleiben, still, es ist wichtig!« Da hörte ich alles plötzlich gleichzeitig, es gab die »Deutsche-Bahn-Stimme« aus dem Lautsprecher, die über die Züge berichtete, die Züge, die in den Bahnhof ein- und hinausfuhren, die quietschenden Bremssysteme, und in meinem Ohr direkt diese Stimme, die sagte: »Frau Fischer, es gibt ein Baby, ein Mädchen, sie ist so und so alt, es geht ihr gut ...« Ich holte einen Filzstift, türkis, und fing an, auf Ann-Célines Rätselbuch zu schreiben, ich versuchte meine Töchter ruhig zu halten. Eine wollte wissen, ob der Zug, der gerade angekommen war, unserer war. Ich schüttelte den Kopf und versuchte einfach alle Information zu verstehen oder zumindest zu registrieren. Es gab ein Mädchen, ein Baby, ein richtig kleines Baby ... Ich weiß gar nicht mehr, was ich am Telefon sagte, so etwas wie »Ohhhh .... ohhhh ... so klein?«

In einem Augenblick war alles anders geworden, wie in einem Film stand ich da mitten im Trubel und war doch ganz ruhig. Als wenn die Zeit still steht: Das Leben um dich herum geht weiter, aber alles läuft parallel, wie irreal. Frau Schmidt sagte mir noch, dass ich ruhig nach Belgien fahren könnte, dass die Pflegemama und ihre Familie mit dem Baby erst noch in Urlaub gehen würden. Dass es eine sehr erfahrene Pflegemutter sei und dass ein erstes Treffen erst in vier Wochen möglich wäre. Das war wirklich gut, weil wir gerne Zeit haben wollten, um unsere zwei großen Mädchen und uns selbst vorzubereiten. Sie wusste noch nicht den Vornamen der Kleinen, aber ihre Frage an uns war klar: »Frau Fischer, reden Sie bitte mit Ihrem Mann und überlegen Sie zusammen, ob Sie sich vorstellen können, die Kleine aufzunehmen. Es eilt nicht, ich brauche Ihre

Antwort erst Morgen 14 Uhr.« Wow, 24 Stunden … es war einfach umwerfend … alles. Ich sagte, ich würde mich melden, und legte auf. Da, auf Gleis 10 oder egal wo nahmen Leute Züge, verabschiedeten sich, Züge kamen und gingen, Emma und Ann-Céline sprangen um mich herum: »Mama, werden wir den Zug verpassen? Mama, Mama, Mama, wann sind wir denn in Belgien?« Ja, Belgien, was sollte ich jetzt tun, hinfahren oder doch wieder nach Freudenstadt zurück? Ich hatte gerade erfahren, dass ich ein Baby bekommen hatte – oder so etwas Ähnliches. Mit meinen Kindern konnte ich noch nicht darüber reden, ich musste zuerst mit Christoph reden. In Nullkommanichts hatte ich nachgeschaut, wie viel Zeit mir bis zu unserem nächsten Zug blieb. Okay, es war genug, um im Schnellimbiss eine Pause zu machen und mit Christoph zu telefonieren. Ich suchte einen Tisch neben dem Fenster, da konnte ich von draußen telefonieren und die Mädchen im Auge behalten. Ich bestellte etwas zu essen. Der Kellner war ein junger Mann. Ich starrte ihn an und wollte schreien: »Ich habe ein Baby bekommen, gerade da, ich habe ein Baby bekommen, es hat Down-Syndrom, ist aber gesund …« Ich entschied mich, lieber zu schweigen, aber es brannte in meinem Hals und in meinen Augen … Ich hätte so gerne diese gute Nachricht geteilt. Ich musste so schnell wie möglich mit Christoph reden. Als Ann-Céline und Emma gut versorgt waren, nahm ich mein Handy und versuchte Christoph zu erreichen. Das war nicht einfach, er war gerade mit den Pfadfindern auf einer Wanderung tief im Wald und es war fast unmöglich, ihn ans Telefon zu bekommen. Er nahm endlich ab und ich erklärte, so schnell ich konnte: »Christoph, es gibt ein Baby, ein Mädchen, wir müssen bis Morgen 14 Uhr Bescheid sagen« und so weiter. Ich hörte nur noch, wie er sagte: »Was? Rebecca, was hast du gesagt? Ich habe nichts verstanden!« und weg war er, die Verbindung war abgebrochen. Na so was! Jetzt war mir klar, wir mussten einfach weiter, es lag noch eine lange Reise vor uns: drei Züge und dann ein paar Tage in Belgien. Die Mädchen hatten schon irgendetwas gespürt und waren besonders gehorsam unterwegs. Die zwei waren echte Profis in Zugfahrten und es war nie problematisch, mit ihnen unterwegs zu sein. Immer wieder versuchte ich meinen Mann zu erreichen, so oft, dass mein Akku quasi schon leer war, »nein, doch nicht«. Ich war ganz zappelig, bald würde ich in Belgien sein und dann würde ich mit Christoph erst am Abend reden können. Aber eins wusste ich noch von meinen zahlreichen Zugreisen: Im Baby- und Kleinkinderabteil gab es eine Steckdose, die ich benutzen konnte. Ich ließ Ann-Céline und Emma mit ihren Hörspielen zurück und ging zu Wagen 25. Da saß eine ältere Dame, eine Engländerin. Ich entschuldigte mich für die Störung und erklärte die Situation. Manchmal frage ich mich, ob sie mir geglaubt hat … es war sehr merkwürdig, was ich erzählte. Ich sprach über den Anruf, die Adoption, dass ich gerade ein Baby bekommen hatte, dass mein Mann auf einem Pfadfinder-Camp war und dass ich ihn nicht erreichen konnte, dass mein Akku fast leer war und so weiter und so weiter. Sie sagte nur in einem sehr schönen Englisch und einem schrägen, aber liebevollen Blick: »Congratulations!« (»Herzlichen Glückwunsch!«). Nach einer Weile hatte mein Handy wieder genügend Akku, wir fuhren zwischen Köln und Aachen, als ich endlich mit Christoph reden konnte und die Verbindung nicht ständig weg war. Schnell gab ich ihm die wichtigsten Infos und wir waren beide einverstanden: Es klang gut und wir freuten uns. Am Abend wollten wir noch länger darüber reden, aber zunächst war alles gesagt, was man so zwischendurch sagen konnte.

Als der Zug nach Brüssel ankam, schrieb ich drei SMS, immer denselben Text: eine an meine Mama, eine an meine

Schwester und eine an meinen Bruder: »Es gibt ein Baby für uns, ein kleines Mädchen. Wir sind sehr gespannt.« Als ich Ann-Céline und Emma sagte, dass Frau Schmidt wegen eines Babys angerufen hatte, meinte Emma: »Du meinst den Jungen in Frankreich?« und ich sagte: »Nein, es ist ein Mädchen« und sie strahlte so. Sie sagte mir später: »Mama, ich wollte keinen kleinen Bruder haben, aber ein kleines Babymädchen, das hatte ich mir so gewünscht.«

Am Ende dieser Reise war ich schon sehr froh, nicht allein daheim zu sein, sondern von meinen Eltern umgeben und in der Nähe meiner Schwester und ihrer Familie zu sein. Die freuten sich alle mit uns, hatten uns im Gebet getragen und mit uns gehofft, dass wir bald ein Kind bekommen würden. So kam ich dort an und es tat mir gut, zu spüren, dass sie uns verstanden.

Dann telefonierte ich endlich lange und ganz in Ruhe mit Christoph. »Wollen wir ihre Eltern werden?« Wir waren beide einer Meinung: »Ja, das wollen wir.« Ich machte mit Christoph aus, dass er am nächsten Tag mit Frau Schmidt telefonieren sollte. Es war so bewegend. Spät am Abend rief ich Susanne und Hans-Martin an, ich wollte ihnen noch Bescheid sagen. Sie waren so gespannt wie wir auch. Ich erklärte, wie der Tag gelaufen war, und versprach, am nächsten Tag mehr zu sagen (sobald wir selbst mehr wussten). Der Adrenalinschub wollte zuerst nicht nachlassen. Ich schrieb ein paar E-Mails und versuchte einzuschlafen. Wir wussten noch nicht, wie dieses Baby hieß, aber sie machte schon ihren Weg in unsere Herzen. Ich hörte Musik und dachte an unsere Zukunft. Mein MP3-Player spielte das Lied »Hope« von Jon Foreman (gesungen von Florence Joy). Als ich es hörte, wusste ich, dass ich unserer Tochter einen zweiten Namen geben würde: Hope. Weil er alles ausdrückte, was ich ihr mitgeben wollte, weil dieses Thema mich in meinem Studium immer fasziniert hatte, und weil er meinem

Glauben am besten entsprach: *Hope, Faith, Love* (Hoffnung, Glaube, Liebe).

Am Morgen wachte ich mit einem komischen Gefühl im Bauch auf, mir war übel. Es war keine Angst, ich hatte auch nichts Falsches gegessen, es war sozusagen »sich schwanger fühlen«. Und damit war ich nicht allein. Es war ein sehr fruchtbares Jahr in unseren Familien. Meine Schwester und meine zwei Schwägerinnen (eine in Belgien und die andere in Deutschland) waren auch schwanger. Ich ging zu meiner Schwester und wir sortierten Babykleider. Ich richtete die Kleider für mein drittes Kind, schon geboren, aber noch nicht bei uns. Wie kann man diesen Zustand am besten beschreiben? Ein Tick unruhig, eine Prise verträumt, eine Dosis Freude, ein Stapel Dankbarkeit und ein bisschen viel Nervosität. In meinem Kopf drehte sich quasi alles um die Adoption, meine Konzentrationsfähigkeit war auf Null gesunken. Die Mädchen spielten mit ihren Cousinen, ich faltete die Babykleider, die sie vor ein paar Jahren getragen hatten. Und dachte immer wieder: »Mir ist aber übel, wie kann das sein? Ich bin doch nicht wirklich schwanger!« Aber mein Körper erlebte die ganzen Emotionen auch mit.

Christoph sollte Frau Schmidt vor 14 Uhr anrufen und mich dann zurückrufen. Auf dieses Gespräch wartete ich ungeduldig. Irgendwann – endlich – konnten wir telefonieren. Ich saß auf einem Stuhl im Gästezimmer meiner Eltern, allein, hunderte Kilometer entfernt war mein Mann. Er berichtete, was er besprochen hatte, und sagte: »Die Kleine heißt Pia.« Ich konnte meine Tränen in diesem Moment nicht mehr zurückhalten und sagte weinend: »Herzlichen Glückwunsch... du... Papa.« Christoph schluckte leise und weinte auch. So weit weg voneinander und doch so nah. Unsere Herzen waren eins. Nach diesem Telefonat schrieb ich ein paar Mails, mit dem Betreff:

»Sie heißt Pia«. So wie die Geburt ein gewaltiger Moment ist, so gingen wir völlig in Bewunderung auf. Wir hatten ein kleines Mädchen bekommen. Und ihr Name war so schön.

Christoph war in Deutschland, ich in Belgien und unsere Kinder waren teilweise bei mir und teilweise bei einer Pflegemama und wir hatten sie noch nie gesehen, aber schon jetzt in unser Herz geschlossen. Ich war noch ein paar Tage von Christoph getrennt. Diese gingen mal langsamer, mal schneller vorbei. Bei meinem Bruder genossen wir sehr das Planschbecken im Garten und die Natur, bis Christoph uns abholen kam. Wir nahmen Tüten voller Babykleidung, einen Wickeltisch und die Tochter meiner Cousine, die uns eine Zeit lang besuchte, aus Belgien mit. Das war sehr schön, sie verbrachte viel Zeit mit meinen großen Mädchen und ich konnte in Ruhe Pias Ankunft vorbereiten.

Wir hatten eine ungewöhnliche Zeit zu überbrücken. Nur noch vier Wochen und dann würden wir Pia treffen. Wir hatten vier Wochen, um in unserem Leben, in unserer Wohnung und in unserem Programm Platz zu schaffen. Das war kurz und lang. Es war ungewöhnlich, aufregend, spannend, fast wie ein Strudel...

An einem Abend, als ich einschlafen wollte, war es plötzlich, als wenn Gott mich umarmen und mir liebevoll einen Kuss geben würde. Ich war unfassbar dankbar, dass ich ein Baby bekommen durfte. Es war wie Weihnachten, mein Geburtstag und meine Hochzeit zusammen. Meine Gedanken drehten sich ständig um dieselben Fragen – die Adoption und besonders die Adoption von Kindern mit Down-Syndrom, die als »schwer vermittelbar« betrachtet werden. Jeder Freund, der mir sagte: »Das ist aber eine große Aufgabe«, regte mich innerlich ein bisschen mehr auf. Ich dachte: »Warum machen wir Christen um die Frage der Abtreibung so eine Sache, wenn wir nicht bereit

Im September, noch bevor das Schuljahr anfing, verbrachten wir mit unseren zwei großen Töchtern einen Tag im Legoland. Wir entdeckten, dass die Damen auf Achterbahnen stehen!

sind, diese Kinder selber anzunehmen?« Ich war bissig, und wie eine Löwin verteidigte ich unser Projekt. Deswegen fand ich es besser, darüber nicht mit vielen Leuten zu reden. Jeder hatte etwas zum Thema Adoption zu sagen und ich wollte es nicht wissen. Ich konnte keine »schrägen« Kommentare ertragen, es war so, als wenn alle Emotionen verdoppelt wären (eigentlich war es meinem Zustand, als ich schwanger war, sehr ähnlich). Das Beste für mich war einfach, die praktischen Aspekte zu regeln und nicht so viel über Trisomie 21 zu lesen. Wir brauchten einen neuen Kinderwagen und ich suchte lange auf Ebay, schließlich fand ich etwas Tolles in der Gegend von Köln. Gut, dass meine Freundin Mona den Transport organisieren konnte. Die Leute, die wussten, was bei Fischers los war, halfen uns auch, brachten Babysachen vorbei. Wir waren nicht allein, aber unser Weg war doch eher ungewöhnlich. War ich mir sicher?

Ja, aber … Ja, doch, war ich. Ich wollte diesen Weg erleben. Wie bei einer Schnitzeljagd kamen wir immer näher an den Schatz heran. Ich genoss die Zeit, die wir ohne Pia noch hatten. Wir wussten, dass sie in sehr guten Händen war und dass sich bei uns vieles auf einen Schlag ändern würde. Wir nahmen die großen Mädchen und besuchten einen riesigen Erlebnispark, es war für uns alle ganz toll. Und wir beteten viel und oft für Pia, aber wir »vermissten« sie noch nicht. Noch bevor wir Pia das erste Mal treffen konnten, gingen wir ins Krankenhaus, um ein anderes Baby willkommen zu heißen. Unsere erste Nichte hier in Deutschland war geboren. Wir begrüßten sie ganz herzlich und dabei dachte ich jede Sekunde an mein eigenes neues Baby.

Endlich war es dann soweit: Der Tag, an dem wir Pia treffen sollten, kam.

4. Kopfkino trifft Realität

EIN PAAR TAGE VOR UNSEREM ersten Treffen mit Pia schrieb ich noch an meine Freunde: »Ich sollte vielleicht Panik bekommen, aber ich habe gerade so einen Frieden. Es ist, als wenn Gott ganz nah wäre, spürbar da.« Ich war ruhig, dann wieder unruhig, geduldig, aber nicht mehr so sehr. Es war September 2012, Ann-Céline ging wieder zur Schule, sie freute sich riesig darüber, und Emma sollte noch ein Jahr im Kindergarten sein. Es schien alles ein bisschen unwirklich. Was macht man eigentlich am Tag vor so einer Geburt? Ich entschied mich, zu einer einzigartigen Freundin zu gehen, um meine Haare schneiden zu lassen. Sie empfing mich wie jedesmal mit einem großen Lächeln, einer warmen Umarmung und einer unfassbar guten Laune. Es war eine gute Entscheidung. Da sie selber Kinder in Pflege genommen und die ganze Geschichte unserer Adoption verfolgt hatte, konnte ich mich bei ihr gut entspannen, sie verstand meinen Zustand und es machte mir Mut, da zu sein.

Am nächsten Tag war es soweit. Christoph und ich saßen wieder zusammen im Auto, unser Herzklopfen überdeckten wir mit lauter Musik. Unser Lieblingslied lief: »Beyond Belief« von *Petra*. Wir hatten noch kein Bild von Pia gesehen, wir kannten ihren Namen, wussten, dass sie Down-Syndrom hatte und dass es ihr sonst gut ging. Während der Vorbereitungsseminare und der Überprüfung hatten wir viel mit den Sozialarbeiterinnen darüber geredet, wie Bindung entsteht und wie so ein Adoptionsprozess theoretisch abläuft. Aber kann man wirklich dafür vorbereitet sein? Muss man vorbereitet sein? Die Filme liefen in meinem Kopf ab: »Ich nehme Pia in meine Arme, bin total verliebt, erkenne meine dritte Tochter, kann sie nicht mehr loslassen, will sie nicht bei ihrer Pflegemama lassen, rede viel und auf Französisch mit meinem Baby, alles schön, alles fein, Liebe überall und am liebsten noch Vögel und Feen, die über dem Bettchen gute Wünsche verteilen.« So stellte ich mir alles vor. Ich hatte aber auch viele Fragen, die meinen Kopf ausfüllten: Was ist Pias Geschichte? Wie ist ihre Pflegemama? Wie würde sie reagieren?

Unser erster Halt war bei der Vermittlungsstelle. Dort würden wir zunächst alles an Informationen bekommen, was vorhanden war. Wir begrüßten die Sozialarbeiterin. Sie hatte Pia schon einmal gesehen, am Tag zuvor. Sie redete, erklärte vieles, praktische Sachen und Pias Geschichte. Ich holte einen Notizblock heraus und schrieb. Ich schrieb Pias Familiennamen auf, Frau Schmidt erklärte uns, dass niemand ihn erfahren sollte. Oh stimmt, ich malte drüber, immer wieder, mit meinem blauen Stift ließ ich diesen Namen, so gut ich konnte, verschwinden. Ein paar Tränen kullerten bei mir, ich dachte an die Geburt von Ann-Céline und Emma, an unser Leben, an Christoph neben mir. Der Rest waren dicke Tränen, die sich in meinem Hals sammelten. Alles, was da gesagt geworden ist, gehört zu Pia und ihrer leiblichen Familie. Es ist ihr Geheimnis. Und so schließe ich die Tür hinter mir und lasse euch im Ungewissen. Auf die Fragen: »wieso, weshalb, warum; wie kann man; wer macht sowas; hatte sie Geschwister?«, antworten wir einfach: »Das ist nicht unsere Geschichte, deshalb werden wir nicht darüber reden.« Jede Adoption hat zwei Seiten, wie eine Münze. Meine Seite war es, Pia anzunehmen und ihr eine Familie zu geben. Die andere Seite gehört ihren leiblichen Eltern. Ich muss nicht alles verstehen, aber ich respektiere sie. Und Folgendes kann ich euch sagen: »Ja, ich bin froh, dass Pia lebt. Ja, ich finde sie ganz toll und ich könnte mir mein Leben nicht mehr ohne sie vorstellen, selbst wenn ich es traurig finde, wenn ein Kind sein Leben mit so einem großen Trauma anfangen muss... aber sie ist jetzt meine Tochter und darüber bin ich unfassbar berührt, dankbar und froh.«

Nach diesem Gespräch verließen wir das Büro, Christoph hatte das Wichtigste über die Anmeldung beim Rathaus und bei der Krankenkasse notiert, ich lief völlig neben mir selbst. Wir waren in einer Achterbahn, in ein paar Stunden würden wir unser Baby treffen, unsere Pia. Eine Weile saßen wir zusammen im Auto mit der Sozialarbeiterin, es kam mir ewig vor, ich saß hinten und meine Hände schwitzten. Worüber redeten wir denn? Small talk, small talk, irgendwann würden wir schon da sein... aber erst einmal standen wir im Stau. Konnte man zu spät sein, um sein Kind zu bekommen? Ich schaute durch mein Fenster, wo bist du, Pia? Wir erwähnten die Ferien, die großen Kinder, Ann-Céline und Emma, was sie gerne tun. Ich versuchte, mir die Zeit zu vertreiben und die Filme in meinem Kopf auszuschalten. Frau Schmidt sagte liebevoll: »Frau Fischer, wenn Sie weinen müssen, dann machen Sie sich keine Gedanken, wir werden es alle verstehen.« Plötzlich dachte ich: »Oh, die werden alle da sein... was... wie reagiert man so?« Ich erwartete so viel von mir selbst und wenn es eins gibt, was ich nicht leiden kann, ist es »Druck«. Und ich wollte, dass es gut geht, ich wollte überglücklich sein, sicher sein, ich wollte es schaffen, ich wollte gleich wissen, dass dieses Baby meins war, ich wollte sie gleich lieben, mich gleich als ihre Mama fühlen. Und dabei hatte ich meinen eigenen Absturz sorgfältig vorbereitet. Langsam fühlte ich mich immer unsicherer.

Da waren wir, endlich, ein Reihenhaus, aber welches? Wir parkten, stiegen aus, folgten unserer Begleiterin, an der Tür begrüßte uns eine strahlende ältere Frau, wir hatten schon so viel Gutes über sie gehört und auch über Pia, sie sei so süß und so aufmerksam gewesen am Tag zuvor. Und da stand sie vor mir: die Pflegemama und ein kleines Baby, ganz klein, und oh, là, là, in mir fing es mächtig an, zu schwanken. Ich nahm Pia in meine Arme, sah nur dieses kleine, sehr »chinesische« Gesicht, das mich anschaut. Der Kopf ist ein bisschen schräg, sie ist müde, aber kämpft noch, um alles mitzukriegen. Ich redete mit ihr, französisch, ich versuchte vor den anderen die Stellung zu halten. Aber innerlich war ich meilenweit von meiner Vorstellung entfernt. Ich dachte an Emma und Ann-Céline, plötzlich bekam ich Angst. Es packte mich. In mir sagte es laut: »Was tust du deinen zwei Töchtern an?« Dieses Baby roch so anders als wir und es ging mir unter die Haut, vor meinen Augen liefen die Bilder von meinem Praktikum und meinen Arbeitsstellen: Kinder und erwachsene Menschen mit Behinderungen, ihre Familien, ihre Kämpfe ... da ist sie: die Panik pur. »Es ist nicht mein Baby, es ist das Baby einer anderen Frau.« In mir drehte sich ein Gedankenkarussell. »Wo ist mein traumhaftes Treffen? Hallo, ich bin im falschen Film. Ich will eigentlich das Baby wieder weggeben, aufstehen und tschüss, weg bin ich, ade, ade, ich bin die Falsche dafür.« Ich schaute diese Pflegemama an, sie, sie konnte es tun, ich, ich schaffe es niemals. Ich gab das Baby weiter an Christoph. Sie sahen sich an, lächelten beide herzlich, ein Blick, er ist ihr Papa. Ein Blick und sie liebten sich. Nur ein Blick und ein Lächeln und sie gehörten zueinander. Die beiden hatten sich gefunden und ich bekam kaum noch genügend Luft zum Atmen. Christoph gab sie mir wieder, sie lag in meinen Armen. Er machte ein paar Bilder mit seinem Handy, die sind quasi alle verschwommen, so wie wir es waren. Auf einem Bild erkannte ich später, wie Pia ihre klitzekleine Hand auf meinen Arm gelegt hatte, sie hält mich, es sagt mir im Nachhinein: »Alles gut, du bist meine Mama, es wird alles gut.« Aber soweit war ich noch nicht. Wir verabschiedeten uns. Es war Donnerstagabend, am Samstag würden wir wieder zu Besuch kommen und einen Teil des Tages dort verbringen. Als

Christoph und Pia – ein Blick genügte und schon war Christoph ihr Papa geworden. Sie strahlte ihn an und er hatte sich sofort in dieses kleine Baby verliebt. Als ich einmal sagte: »Es war dir egal, wie sie aussah, oder?«, da antwortete er leise: »Ja, sie hätte auch keine Arme haben können, das wäre mir nicht wichtig gewesen. Sie war einfach meine Tochter geworden.«

wir das Haus verließen, sagte uns die Pflegemama liebevoll: »Ich habe ein inneres Ja für sie.« Sie hatte ein Ja, ein Ja, dass Pia zu uns gehört, dass wir ihre Eltern werden … sie gibt mir ihr Ja. Ich hatte nur noch Angst und Zweifel, aber sie sah weiter.

Ich stieg ins Auto. Christoph fragte: »Wie geht es dir?« und auf einen Schlag sagte ich: »Ich will sie nie wieder sehen, ich kann es nicht, ich will es nicht.« In dem Moment bekam Christoph einen echten Schock: »Aber Rebecca, du … du … du wolltest doch … du wusstest doch.« Donner, Blitz und ein Riss zwischen uns. Er wusste schon, dass Pia seine Tochter war, und ich ertrank in Panik. Ah ja, das kannten wir beide gut. Ich bekomme immer wieder Panik , wenn sich unser Leben stark ändert. Auch bei unserer Hochzeit hatte ich Panik bekommen und alles absagen wollen (ausgerechnet eine Woche vor dem

Termin stand ich vor dem Pastor, der uns trauen sollte, und sagte: »Ich weiß nicht mehr«).Und jetzt wieder, die Panik, die mich frösteln lässt. Was antwortete Christoph? »Jetzt musst du erst einmal schlafen, Rebecca.« Wirklich?

Am nächsten Morgen war es aber nicht besser. Ich wachte auf und wollte Pias Sachen alle in Kisten packen (ich fing sogar damit an). Oh, der Tunnel war so dunkel und alles in mir drehte sich. Die Angst war überwältigend. Ich machte es noch schlimmer, weil ich mir tausend Vorwürfe machte. Christoph versuchte, klar zu sehen, aber für ihn war es eine noch verrücktere Fahrt auf der Geisterbahn. Mir war es bewusst. Meine Zweifel taten ihm weh. Aber ich konnte nicht anders. An diesem Morgen, als die Mädchen in der Schule waren, nahm ich nur meinen Schlüssel mit und lief weg. Ich dachte, mit Geldbeutel könnte ich auf die schlechte Idee kommen, zum Beispiel einen Zug nach nirgendwo zu nehmen... So nahm ich nur meinen Schlüssel und meine Wut auf die ganze Welt mit, meinen Schmerz, weil ich wusste, dass ich da so viel kaputt machte, und meine Zweifel. Ich hatte einen Lieblingsweg. Dahin ging ich, die Bäume um mich herum und dann ein Eichhörnchen. Ich liebe diese Tiere. Es sprang fröhlich von Ast zu Ast. Ich hätte es so gerne erschossen, weil es auf seine Art sagte: »Schaut, wie schön das Leben ist, wie gut Gott alles macht.« *Nein*, so ist es nicht, sonst würde ich nicht Panik kriegen. Ich lief weiter, schnell, verbittert, weinend. Bis ich irgendwann auf einer Bank saß, müde, schwach, und zu Gott sagte: »Gott, ohne dich schaffe ich es nicht, nein, ich schaffe es nicht, aber mit dir, ja, mit dir wird es vielleicht doch gehen.« Er sagte nichts, aber ich war ein bisschen beruhigt und bekam langsam Hunger, da ich nicht gefrühstückt hatte. Ich kam nach Hause, der arme Christoph hatte versucht, mich zu erreichen, er hatte mich sogar beim Bahnhof gesucht. Ich schickte ihm eine SMS:

»Ich bin daheim.« Wir mussten reden, dieses Gespräch war schwierig, ich war irrational, verloren. Mein Mann versuchte mir zu helfen, er sagte mir wieder unter Tränen: »Ich habe dich doch lieb, Rebecca, du weißt es.« Er sagte: »Mach etwas, um aus dem Tunnel rauszukommen, ruf deine Mama an, bitte sie, sofort zu kommen, oder ruf Werner an, Susanne, rede mit jemandem, egal was, aber versuch es.« Ich schrieb ein paar SMS und E-Mails. Ich bat unsere Freunde, für uns zu beten. Ich rief Susanne an, am Telefon zitterte ich ständig, ich heulte, sagte, ich wusste nicht mehr, dass ich Angst hatte... ich durfte alles sagen, sie hörte zu. Die Antworten kamen auch von unserem »Sicherheitsnetz«... die beteten für uns, fest und treu. Wir waren nicht allein, nein. Hier ist ein Beispiel davon, was ich an jenem Tag schrieb:

»Hi Uli, wir haben Pia gestern gesehen... Ich habe Angst, tief und stark und sie lähmt mich. Es ist wie ein riesiger Berg... und ich weiß nichts mehr (wie bei meiner Hochzeit). Bitte betet für uns, dass wir unseren Weg finden und ihm folgen. Sonst ist sie super cool, total neugierig und sehr, sehr lieb. Danke, Rebecca«

Wie gut war es, die Antwort zu lesen:

»Liebe Rebecca, wenn Du davor keine Angst hättest, wäre ich sehr verwundert! Ich freue mich für Pia und für Euch, weil ich sicher bin, dass beim Gehen gute Wege entstehen. Seid gesegnet! Ulrich«

Ich musste über meine Angst reden, sie lähmte mich so sehr. Wie wenn man beim Entbinden plötzlich nach Hause gehen will, bevor es fertig ist: »Oh nein, jetzt ohne mich, danke sehr«.

Ich war echt neben der Spur und Christoph zeigte sich wieder ganz hilfreich, geduldig. Er holte die Mädchen von Kindergarten und Schule ab und erklärte einfach: »Mama hat gerade Angst und muss deswegen auch weinen, aber alles wird gut.« Ann-Céline antwortete so etwas wie: »Ah ja, okay, alles klar. Wir kennen die Mama doch gut.«

Ich hatte das Gefühl, überfahren worden zu sein. Um 15 Uhr gingen die Mädchen zur Kinderstunde. Für mich war es ein guter, ungestörter Moment, richtig, um mit Frau Schmidt zu telefonieren. Sie hatte uns am Tag vorher erklärt, dass sie mit uns beiden separat telefonieren würde, um zu erfahren, wie es uns geht, und um zu fragen, ob wir uns beide für Pia entscheiden könnten. Ich wollte dieses Telefonat nicht wirklich führen, aber diese halbe Stunde hat mir so geholfen.

»Frau Fischer, wie geht es Ihnen?«

»Ich weiß es nicht, ich weiß gar nichts mehr, ich habe so Angst...«

Dann kamen von mir eine Weile nur Tränen und tiefe Seufzer.

Aber sie war ruhig und sagte: »Frau Fischer, Sie sind eine Zweiflerin, denken Sie an Ihre Hochzeit, an die wichtigste Entscheidung in Ihrem Leben, Sie haben immer Angst bekommen.« Ja, das stimmte. Sie sagte, dass ich an meine Entscheidung denken musste. Dass Gott mich auch lieben würde, wenn ich kein Kind mit Down-Syndrom adoptieren würde. Sie fragte mich, was mir geholfen hatte, um vor meiner Hochzeit aus dem Tunnel heraus zu kommen. Ich sagte: »Zähne zusammen beißen, Augen zu und durch.« Sie sagte: »Gehen Sie wieder hin, schauen Sie Pia in Ruhe an, und fragen Sie sich, ob Sie eine Beziehung zu diesem Kind aufbauen können.« Sie sprach mich so an, ich verstand alles. Sie traf mein »psychologisches Verständnis«, aber auch meinen Glauben.... ich weinte so sehr, Jesus war da, und er sprach mich an durch diese Sozialarbeiterin. Es wurde langsam besser. Ich holte die Mädchen von der Kinderstunde ab, musste nicht mehr so viel weinen. Wir gingen noch zum Marktplatz, ich kaufte uns dreien ein Eis und da saß ich und versuchte Frieden mit mir selbst zu schließen. Dieser Tag war wie eine Geburt, alle Gefühle, die hochkommen können, wenn man Eltern wird, die habe ich an diesem Tag gespürt. Vielleicht musste mein Körper keine Wehen spüren, aber meine Seele … und die Wehen waren heftig und die Zweifel waren groß wie Wellen, die einen zu verschlingen drohen. Ganz am Ende schickte ich meinen Eltern ein paar Bilder von Pia als Datei (mit einem Passwort zur Sicherheit). Ihre Antwort gab mir noch einen Schluck Zuversicht: »Sie wird auf alle Fälle bei uns willkommen sein.«

Ich konnte schlafen, ich war so müde, und am nächsten Tag wachte ich mit einem besseren Gefühl auf. Mein Kopf sagte: »mal sehen«, mein Herz sagte: »warum nicht?«, und mein Körper versuchte zu folgen. Ich schrieb an diesem Morgen eine Mail an meine Mama: »Ich fühle mich wie in einer Achterbahn, ich sage zu mir selbst: ›Halt dich fest, jetzt geht es gleich runter!‹«

Wir hatten mit Frau Schmidt besprochen, dass es besser wäre, noch mal einen Besuch ohne Ann-Céline und Emma zu machen. Es war besser, solange ich mich nicht so sicher fühlte, sie noch nicht mitzunehmen.

Wir fuhren los und ich war ruhiger als am Tag zuvor. Christoph spürte es auch. Wir kamen an und Pia schlief noch. Mein Herz klopfte direkt in meinem Hals, als ich langsam näher an ihr Bett kam. Und als ich sie sah, schlafend, ihre beiden Arme ausgestreckt, ruhig, ganz gechillt, sagte mein Herz: »Ja, doch, ich will, o ja doch, ja, ich will sie adoptieren!«

Es war unvergesslich schön.

5. Eine Familie werden

PIA LAG DA, IN EINEM Prinzessinnenbett, einem schönen großen Stubenwagen. Und ich verliebte mich langsam, aber sicher. Es waren für uns die ersten Schritte als ihre Eltern. Dieses ganz süße Baby hatte schon ein paar Wochen in einer anderen Familie gelebt und war sehr entspannt, geliebt war sie auch. Pia war mit Liebe gesättigt, das war mein tiefstes Gefühl. Ich war berührt und beeindruckt von dieser Pflegemama. Und ich genoss die Zeit in ihrem Haus. Es war lebendig, offen, warmherzig. Ich hatte noch viel zu lernen und diese Dame hatte soviel Geduld und ermutigend zeigte sie mir, wie man eine Flasche macht. Weil, ganz ehrlich, da war ich kein Profi, ich hatte keine Ahnung, ich habe meine zwei leiblichen Töchter sehr lang gestillt und Babyfläschchen hatte ich nie vorbereitet. Sterilisieren, die richtige Temperatur finden… ich ging besiegt in den Kampf und die Pflegemama erklärte mir Schritt für Schritt, was zu tun war. Ich hörte kein »Stellen Sie sich nicht so an, Frau Fischer«, sondern nur Lob und Mut machende Worte. Wir durften Pia wickeln, Christoph gab ihr zum ersten Mal die

Als wir ankamen, schlief Pia; tief und fest und unfassbar entspannt. Ein Blick auf diese Prinzessin und mein Herz sprang, die Zweifel fielen einer nach dem anderen von mir ab.

95

Flasche. Es war nicht einfach, die Kleine zu füttern, weil ihr Mundschluss nicht so gut war und vieles von der Milch rechts und links herauslief. So brauchte man ein bisschen Geduld und ein paar Mülltüten bereit und ein gutes Lätzchen. Hat es uns erschreckt? Nein, das war ein Detail (das uns ein paar Stunden pro Tag gekostet hat, aber es war trotzdem kein Grund, um zu flüchten).

Die Pflegemama schlug einen Spaziergang zu dritt vor, »nur ihr zwei und Pia«. Diesen Kinderwagen durch die Straßen zu schieben: Es war einmalig. Pia trug eine rosa Mütze auf dem Kopf und hatte ihr gehäkeltes Jäckchen an. Ich habe keine Ahnung mehr, wo wir gegangen sind, oder wie lang wir unterwegs waren. Aber wir gingen mit ihr, und ich schrieb unserer Familie ein paar SMS, um zu sagen, dass alles gut ging. Du gehst und schiebst einen Kinderwagen, darin liegt dein ganz neues Baby, dein Mann an deiner Seite und alles wird ruhig. Auch innerlich bewegst du dich, du schaust diese süße Maus an und es wird dir klar, dass dieser ungewöhnliche Spaziergang eine ganz normale Lebensaktivität wird. Wie oft habe ich dieses Kind inzwischen durch die Gegend geschoben! Wie oft habe ich den Kinderwagen rausgeholt... wie oft... aber da war es das erste Mal. Die Grundsteine in unseren Seelen sammelten sich und das Gefühl, Mama geworden zu sein, wuchs von selbst.

Und dann gingen wir wieder zu Pias Pflegemama, sie liebte dieses Baby so sehr, sie wusste, wie wichtig es für uns war, die Bindung aufzubauen, sie hielt sich im Hintergrund, wenn wir da waren. Aber sie kannte Pia schon so gut. Ab und zu sagte sie: »Alles gut, Pia, aaaaaaaaalles gut.« Ob sie verstand, wie gut mir ihre liebevollen Worte und ihre Haltung taten? Sie machte uns ein kleines Nest, bei ihr zu Hause ließ sie uns langsam eine Familie werden. Ich zeigte ihr unsere Familienbilder, unsere großen Mädchen. Ich stellte ihr tausend Fragen, sie führte ein

Leben, das mich beeindruckte. Sie hatte bereits viele Kinder in Obhut genommen und einige adoptiert. Ich fragte sie: »Wie haben Sie das geschafft?« und sie antwortete lächelnd: »Was denn?« »Na, allen diesen Kindern ein Zuhause zu geben, sie zu lieben?« Sie sagte nur: »Es ist doch toll, wenn man sein Hobby zum Beruf machen kann!« Wir saßen beim Mittagessen und ich wollte immer mehr wissen. Ich hatte das Gefühl, neben Jesus zu sitzen. Für mich war diese Frau die Hände und die Füße von Jesus. Sie hatte auf unser Kind aufgepasst, bis wir da waren. Was für ein unbezahlbares Geschenk. Ich mache als Diplompsychologin oft Supervision für Pflegeeltern und bin so dankbar, dass Menschen sich investieren für Kinder, die aus schwierigen Situationen kommen. Der Alltag ist oft nicht »Friede, Freude, Eierkuchen«. Es ist manchmal herausfordernd, es bringt einen an seine Grenzen, es sprengt den Rahmen des »normalen« Elternseins. Manchmal kommen Kinder, die so traumatisiert sind, dass man sie am Anfang tagelang beruhigen muss. Es gibt Menschen, die sich da bereitstellen, um die Kinder und ihren ganzen inneren Koffer aufzunehmen, Hut ab!

Nach dem Essen war ich dann dran, den ersten »Schoppen« zu geben. Meine Mutprobe, ich nahm Pia auf den Arm und sie schaute mir direkt in die Augen. Sie legte ihre kleine Hand auf meine und zusammen gaben wir beide unser Bestes. Eine fast heilige Stille im Raum, Christoph und die Pflegemama machten ein paar Bilder. In diesem Moment geschah etwas; ich dachte parallel: »O doch, ich kann eine Flasche geben und ich kann Pias Mama sein.« Wisst ihr, wie wichtig es ist, ein Kind füttern zu können? Wart ihr schon bei einem Baby, das sich geweigert hat, irgendetwas zu essen, bis seine Mama wiederkommt? *Schrecklich*, ja! Und so war ich beruhigt, ich habe die Flasche richtig gemacht, habe sie richtig gehalten und mit meinem

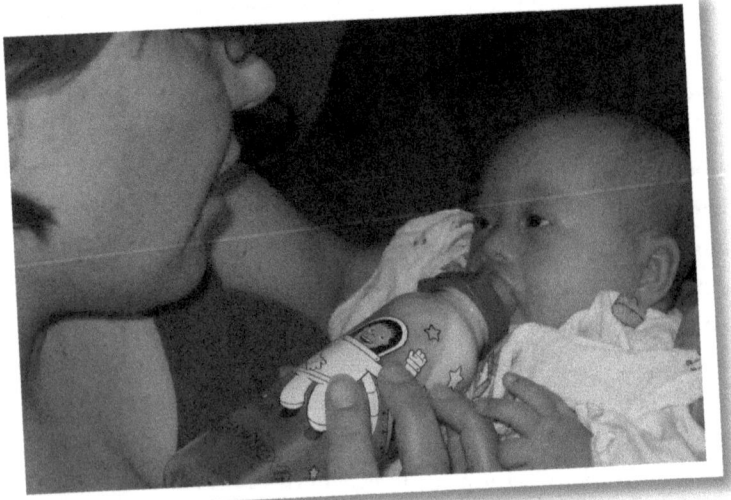

Die erste Flasche, die ich Pia gebe. Sie schaut mir direkt in die Augen, ihre kleine Finger berühren nicht nur meine Hand, sondern auch meine Seele. Wir reichen uns die Hände und sind uns ganz nah.

Kind einen ganz speziellen, intimen Moment erlebt. Wieder ein Grundstein in unserer Beziehung.

Es war viel für die kleine Pia, alles, was sie da erlebte, ich war so dankbar, dass die Pflegemama ihr immer wieder mit ihrer Stimme Sicherheit gab. Auch am Abend verbrachte sie viel Zeit, um Pia zu erklären, was los war. Sie war wie ein Engel auf Erden, der unserer Pia ein warmes Zuhause gegeben hat, um sie uns zu überreichen. Könnte man von etwas Besserem träumen? Ich denke nicht.

Am nächsten Tag war es soweit, wir wollten Ann-Céline und Emma ihre kleine Schwester vorstellen. Da, an diesem Tag spürte ich im Auto meine Sehnsucht nach der kleinen Pia... Sehnsucht, sie zu halten, mit ihr zu schmusen... Oh, die zwei Großen waren aufgeregt. Und wir auch.

Als wir kamen, waren die zwei noch ein bisschen beeindruckt von der Situation: das fremde Haus, die Pflegemama (aber die reichte unseren beiden Kindern ein Geschenk und das Eis war schnell gebrochen). Es war spannend, wunderschön, diese ersten Blicke mitzubekommen. Pia war hellwach und schaute direkt in Ann-Célines Augen, was unsere älteste Tochter gleich überzeugte. Emma nahm Pia in ihren Arm und schaute ganz verliebt nach diesem kleinen Babymädchen (ein Mädchen, ja, das freute sie besonders). Wir machten ein paar Bilder. Das erstes Bild als *Familie* ... Eins, zwei, drei und zwei Eltern macht fünf! *Jippie!* Ich war viel entspannter, freute mich sehr über dieses »Zusammensein«. Die Mädchen gingen bald in den Garten und fanden gleich Spielkameraden. Und ich trug Pia in den Garten und zeigte ihr die Wäsche, die Farben. Ich hielt sie, damit sie sich umschauen konnte ... und da lagen ihre Wangen so schön nah. Ich gab ihr einen Kuss, sie zuckte ... und ich merkte: »Ja genau, genau das habe ich mit meinen Mädchen immer gemacht«... belgische Küsse hier und da, und nochmal.

Die erste Begegnung zwischen Pia und den beiden Großen verlief wirklich schön. Pia schaute Ann-Céline direkt in die Augen und man konnte sehen, wie zwischen ihnen etwas Besonderes geschah.

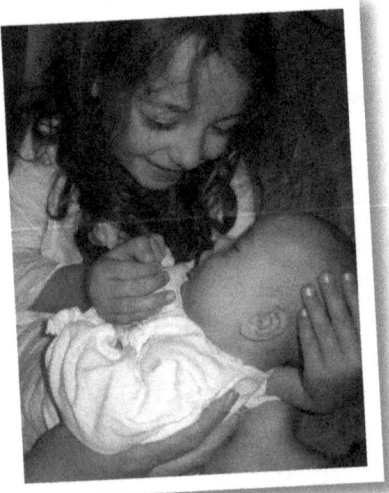

*Emma konnte ihre Freude nicht ver-
bergen; sie fand Pia gleich ganz süß.*

Ich erkannte mich, meine Kultur, jeder Kuss sagte: »Ich habe dich lieb, kleine Prinzessin«…. Pia war nicht begeistert, sie verstand wahrscheinlich nicht so gut, was es sein sollte. Und zog eine Grimasse nach der anderen … und bevor mein Kopf verstand, was mein Mund sagte, hatte mein Herz in Pias Ohr geflüstert: »Ich bin deine Mama, Pia«… »ich bin deine Mama«. *Oh, was habe ich da gesagt? Ein paar Sekunden dachte ich:* »was?« und dann wusste ich: »ja, ich bin ihre Mama«.

Ja, an diesem Tag haben wir unser erstes Familienbild gemacht. Wie wenn die Geschwister das erste Mal das neugeborene Baby sehen und alle lächeln, um alles auf einem Bild festzuhalten. Die Mama sieht fertig, aber strahlend aus, der Papa vor Glück verschwitzt und die stolzen großen Geschwister. So sahen wir aus. Auf dem Bild kann man nicht die Tiefen sehen, die hinter mir lagen, es war ein Schritt nach vorne und da waren wir: eine »frisch gebackene Familie«.

Wir verließen das Haus und wussten alle, dass Pia bald zu uns kommen würde. Die Pflegemama ging noch einmal ins Krankenhaus, um dem Team dort zu erklären, dass die Kleine eine Familie gefunden hatte. Sie bereitete auch liebevoll ein Fotoalbum vor. Extra, damit Pia keine »Lücke« in ihrer Geschichte hätte. Bilder aus ihren ersten Wochen und auch ein liebevoller Brief. Ein Album wie ein Segen.

Der Tag, an dem wir Pia mit nach Hause nahmen, kam sehr schnell, und wir waren aufgeregt, zufrieden und gespannt. Unsere Wohnung war bereit und unsere Herzen auch. Ann-Céline war an dem Tag von der Schule beurlaubt. Wir wollten alle zusammen hingehen und alle zusammen nach Hause kommen. Im Auto stand eine leere Babyschale auf dem Rücksitz. Als wir das Haus verließen, trafen wir einen Bekannten und er schaute sehr erstaunt auf unsere Babyschale. Wir sagten stolz wie Oskar: »Wir holen unsere dritte Tochter, sie kommt heute mit uns nach Hause.« Er gratulierte, freute sich mit uns und hat diesen Moment, wie wir, nie vergessen.

Wir kamen früher als gedacht. Es überraschte die Pflegemama. Da verstand ich plötzlich, dass sie Abschied von

Und so machten wir an diesem Tag unser erstes Familienbild zu fünft. Was für eine besondere Geburt!

ihrem geliebten Baby nehmen musste. Ich fing an zu weinen. Wir waren dabei, Pia aus ihrer gewohnten Umgebung wegzunehmen. Klar war es wichtig und gut, dass Pia eine Familie bekommen würde, aber dort ging es ihr auch so gut. Sie war vielleicht gerade acht Wochen alt, aber es war ihr Zuhause und ihre Pflegemama war ihre Mama. Die Frau war ruhig und bat uns, nicht zu lange zu bleiben, da es den Abschied nicht erleichtern würde. Bei mir liefen die Tränen. Aber sie freute sich für Pia, dass sie jetzt eine feste Familie gefunden hatte, und das sogar schnell. Man hatte ihr gesagt, dass Kinder mit Down-Syndrom manchmal mehrere Monate oder sogar Jahre darauf warten würden, adoptiert zu werden. Und hier waren wir, Pia hatte eine Familie bekommen und so freute sich die Pflegemama, diesen Moment so schnell zu erleben. Sie gab uns Pia wie einen Schatz, den man weitergibt. Und wir nahmen Pia mit uns, das wertvollste Geschenk auf der ganzen Welt. Ein Baby, einen Wäschekorb mit einer Babydecke, eine Spieluhr, ein paar Kleider, Flaschen, Milchpulver und Windeln. Und ein Fotoalbum. Wir nahmen Pia und ihre Geschichte. Acht Wochen alt und schon so viel erlebt. Diese Trennung war auch sicher ein ganz schwerer Moment für Pia. Und wenn ich die Bilder von Pia nach ihrer Geburt allein im Krankenhaus sehe, bricht regelrecht mein Herz. Aber ich kann diese Fakten nicht ändern, ich kann sie nur wahrnehmen, sie nicht vergessen und beten, dass Pia glücklich wird, sich angenommen fühlt, geliebt, dass sie sich getragen weiß. Sie trägt schon einen schweren Koffer für ein Kind, aber sie ist tapfer und sie lebt und wir tun unser Bestes, um sie zu unterstützen. Mir ist sehr bewusst, dass es ganz viele ethische Fragen gerade um das Thema Abtreibung von Kindern mit Down-Syndrom gibt. Manche Leute denken, dass diese Kinder lieber nicht leben sollten. Andere denken, dass die Trennung von den leiblichen Eltern nicht so schlimm sei. Es sind so schwierige Fragen, ich hätte mir den Start ins Leben für Pia anders gewünscht. Nicht mit Down-Syndrom? Ich weiß es nicht, ich kenne nur Pia mit diesem Extra-Chromosom und ich finde sie vollkommen und wunderbar. Dass sie bei ihrer leiblichen Familie hätte bleiben dürfen? Ja doch! Aber kommt schon, sie lebt und ist ein ganz feines Mädchen und sie ist jetzt mein Fleisch und Blut. Ich könnte mir ein Leben ohne Pia nicht mehr vorstellen, und ich kann mir Pia ohne Down-Syndrom nicht vorstellen, sie ist ein ganz toller Mensch: *Sicher!* Wir wollten ein Kind mit Behinderung adoptieren und wir haben eine Prinzessin bekommen.

An diesem Tag brachten wir Pia in unser Familiennest. Die Achterbahnfahrt war endlich vorbei. Und wie am Ende einer wilden Fahrt im Erlebnispark stieg ich mit wackligen Beinen aus unserem Auto. In den letzten Monaten war alles immer rauf und runter gegangen. Und am Ende nochmal ganz tief nach unten und dann kam doch wieder alles zur Ruhe. Emma und Ann-Céline waren auch völlig begeistert, gespannt auf das, was kommen würde. Sie konnten die Augen nicht von Pia lassen. Wir hatten ein Baby bekommen! Und es fühlte sich wunderschön an. »Pia, willkommen zu Hause, jetzt sind wir deine Familie, du gehörst zu uns!«

III. Willkommen zu Hause!

1. Angekommen

ICH WAR TIEF EINGESCHLAFEN, ALS mich plötzlich etwas aus dem Schlaf riss. Es musste ungefähr vier Uhr sein, mitten in der Nacht. In meinem Traum hörte ich von weit weg ein Kind klagen. Ich dachte: »Was ist jetzt los?« Ich musste wirklich nachdenken – »ein Kind, ein Kind meldet sich« und plötzlich erfasste ich es: »Oh, es ist mein Kind, es ist doch Pia! Pia hat Hunger.« Und tatsächlich lag sie da neben mir. Die kleine Pia, die wir am Tag zuvor mit nach Hause genommen hatten. Sie war in ihre rosa Decke eingewickelt, und sie lag eingekuschelt in der Babywanne ihres Kinderwagens. Ich hatte sie drin gelassen, nachdem sie eingeschlafen war. Ihre kleinen Hände konnten alle »Wände« dieser kleinen Liege berühren und es schien ihr Sicherheit zu geben.

Für mich war es wirklich schwer aufzustehen, um eine Flasche vorzubereiten (es lag keine Schwangerschaft hinter mir, mir fehlten die Hormone, mein Körper war nicht darauf eingestellt, ich hatte sozusagen keine dieser Nächte hinter mir, wo du ständig aufs Klo gehen musst, weil das Baby auf deine Blase

Nach einer sehr emotionalen »Geburt« konnte ich meine dritte Tochter nun voll genießen. Die Zweifel waren verschwunden, und ich freue mich jeden Tag, Pias Mama zu sein.

drückt). Ich versuchte die Küche zu erreichen, ohne mir jede einzelne Zehe gegen Ecken zu schlagen. Und da stand ich vor einem ganz schönen Rätsel: »Abgekochtes Wasser, gekühltes abgekochtes Wasser, Pulver, sterilisierte Flasche, Sauger…« Es kam mir wie eine Ewigkeit vor. Was sollte ich nochmal tun? Ich schlug mich durch und diesmal verschloss ich sogar die Flasche richtig (was nicht immer der Fall war).

Und so änderte sich unser Leben auf einen Schlag. Tag und Nacht. Und ich konnte mich darüber freuen. Es war ein Privileg, Pia daheim zu haben, ein Geschenk, ein Wunder, ja ein *Wunder*.

Von diesem Augenblick an kamen die Zweifel bei mir nicht mehr. Pia war da und ich war dankbar und ich schätzte mich verwöhnt. Sie war Teil unseres Lebens geworden. Unsere Familie war jetzt gewachsen und »die Liebe wächst mit… und die Müdigkeit auch«.

Praktisch hatten wir noch dasselbe Programm wie vor Pia, da änderten wir nicht soviel. Dazu kam die praktische Herausforderung, ein kleines Kind zu haben: wieder nachts aufzuwachen, jetzt die Flasche zu geben (und das dauerte lange, aber es gab uns sehr viel Zeit zum Kuscheln) und Wäsche, noch mehr Wäsche. Das Ganze machte uns nicht viel aus. Wir waren alle überglücklich. Und Pia schlief noch ganz viel und war sehr gesund, so konnte ich doch mehr oder weniger gut mit den Aufgaben jonglieren. Dabei halfen mir die großen Mädchen auch gut. Sie kümmerten sich liebevoll um die kleine neu angekommene Schwester. Wir genossen alle zusammen diese neue Zeit. Jetzt waren wir nicht mehr in Ungewissheit. Jetzt konnten wir handeln, jetzt war unser Baby da, und jeden Tag wurde sie mehr zu unserer »Piamaus«.

Die Leute um uns herum mussten sich auch daran gewöhnen. Es gab ganz viele Fragen, ein paar Besuche. Meine Nachbarin sagte: »Sie haben mir vorher gar nichts gesagt.« Ja, hatten wir nicht. Aber Pia und ihre süße Art gewann alle Herzen. Sie kam überall hin mit uns mit und wir lernten, mit diesen Bemerkungen umzugehen.

Der klassische Satz war in der ersten Zeit: »Du warst doch gar nicht schwanger!« Nein, war ich nicht, das stimmte. Dann kam ab und zu ein: »Ist sie Chinesin?«. Selbst im chinesischen Restaurant fragte man uns das. Als ich dem Mann, der mich fragte, einmal antwortete: »Nein, sie ist nicht Chinesin, sie hat Down-Syndrom«, meinte er fröhlich: »Ist nicht schlimm, ich bin auch Ausländer.« Da war ich kurz sprachlos und musste dann herzlich über seine Reaktion lachen.

Andere Fragen, die man mir immer noch stellt, sind: Hat ihre Mama gewusst, dass sie Down-Syndrom hatte? Hat sie sie deswegen abgegeben? Wie alt war die Mutter? Hatte sie andere Kinder? Wie kann man so etwas tun? Aber darüber will

Es ist für mich immer noch ein Wunder, wie nah sich Pia und Christoph sind, von Anfang an sind sie wie seelenverwandt. Pia ist erst ein paar Tage bei uns, und schon kuschelt sie so gerne mit ihrem Papa.

ich nichts sagen. Ich verstehe, dass man das gerne wissen will, weil alles so unverständlich ist, auch irgendwie spannend. Aber wir dürfen und wir wollen nicht darüber reden. Unsere Mädchen wissen Bescheid, nicht alles, aber genug, um keine Angst zu haben, dass man Kinder so einfach zur Adoption freigibt. Und wir selber kommen mit Pias Geschichte zurecht. Ob wir es Pia erzählen werden? Wir reden schon offen darüber. Pia wird vielleicht nie verstehen, was genau passiert ist, aber es wird immer so sein: Sie hat eine andere leibliche Mutter und einen anderen leiblichen Vater, wir sind es nicht. Und ich denke immer wieder an Pias leibliche Mama und bete für sie. Besonders, dass sie in Frieden lebt. Ich möchte ihr sagen: »Pia ist ein geniales Kind, sie ist hübsch, fit, lustig, liebevoll.« Ich möchte sagen: »Danke, danke für unsere Tochter. Wir wissen um Ihre Liebe für Ihr Baby.«

Manche fragten uns: »Jeder will ein gesundes Kind und ihr, ihr wollt ein Kind, das mit Behinderung geboren ist … warum?« Wieso? Weil wir dachten, dass wir es schaffen würden. Manchmal erkläre ich lange, manchmal sage ich nur noch: »Ich bin Psychologin und habe in Belgien mit Menschen mit geistiger Behinderung gearbeitet. Und so konnte ich es mir vorstellen.« Oder einfach: »Wir wollten teilen.«

Emma und Ann-Célines Schulkameraden hatten auch ganz viele Fragen. Ich saß oft auf dem Schulhof oder am Spielplatz umgeben von Kindern, die Pia beobachteten und alles wissen wollten. Eine Freundin sagte sogar zu ihrer Mama: »Mama, Pia ist so süß, dürfen wir auch so eine kriegen?«

Aber alles in allem war ich berührt von den positiven Reaktionen um uns herum. Egal ob unsere Familien, Gemeinden oder Freunde, Pia wurde gleich von allen geliebt. Ja, es gab und gibt immer Leute, die uns bewunderten und das laut sagten, aber sobald sie Pia treffen, scheint es einfach ganz normal zu sein, dass sie zu uns gehört. Ich weiß nicht, wie ich es am besten ausdrücken kann: Pia passte einfach in unsere Familie. Wir hatten uns gefunden. Meine Mama sagte mir früher immer: »Du wirst die Kinder bekommen, die irgendwie zu dir/zu euch passen«, und das stimmte, egal ob Ann-Céline oder Emma, es war rund. Sie waren von Anfang an keine hyper-mega-aktiven Kinder, sie mochten Bücher und folgten uns gerne überall hin (auch im Gottesdienst schienen sie sich beschäftigen zu können), fühlten sich gleich in Gruppen wohl. Und es geschah wieder, Pia kam und es war wie ein Augenzwinkern Gottes, ein richtig fettes Lächeln. Nicht nur hatte sie braune Augen und braune Haare wie unsere eigenen Kinder, auch der Charakter passte: entspannt, lustig und ein bisschen (sehr) dickköpfig.

Wie könnte ich das erklären? Ich muss gerade an ein Erlebnis denken, das ein paar Monate zurücklag. Etwas, womit Gott mir ein bisschen Nachhilfe gab. Ihr müsst wissen, dass ich Bücher liebe, die ich am liebsten gebraucht kaufe. Unsere Bibliothek ist groß, ich sammle besonders gerne Kinderbücher (und Kinderbibeln). Christoph hatte angefangen, mit unseren Mädels *Wir Kinder aus Bullerbü* von Astrid Lindgren zu lesen. Ich fand das Buch so wunderschön, dass ich es auch in Französisch haben wollte. Aber es war quasi unmöglich, dieses

Buch noch zu finden. Es war komplett vergriffen und die einzigen Exemplare, die ich finden konnte, waren unbezahlbar. Ich hörte auf mit der Suche, bis… Eines Tages wollte ich die Bücher ein bisschen sortieren, ich schnappte ein altes Buch, das mit einem hässlichen blauen Klebeband repariert war, wollte es aussortieren, bis ich den Namen der Autorin sah: »Astrid Lindgren«… und meine Augen auf den Titel fielen: *Nous les enfants du village boucan*. Es brauchte einen Moment, bis ich verstand, was geschehen war: Den lang ersehnten Schatz hatte ich schon vor Monaten für fünfzig Cent ergattert! Und wenn Gott mir so ein kleines Geschenk machen konnte, wie viel mehr konnte er unsere Suche nach unserem dritten Kind lenken. Es klingt ein bisschen »einfach gestrickt, blauäugig«, aber er bat mich, ihm zu vertrauen, und er zeigte mir mit einem solchen Detail, dass er alles in der Hand hatte. Und in der Tat hat Gott alles gut organisiert. Er ist ein sehr guter Vater für Pia, aber auch für unsere Familie. Warum? Weil wir da sind, wo wir sind, mit den Kindern, die wir haben. Er zeigt uns tagtäglich seine große Gnade.

Eines Tages, als wir eine gute Nachricht für Pias Zukunft erhalten hatten, wickelte ich Pia und sprach ihr zu: »Du bist Gott so wichtig, er hat dich ganz arg lieb und hat dich niemals verlassen, er hat dich bis zu uns gebracht und wird sich immer um dich kümmern.« Und dabei scheint mir diese Liebe von Gott für Pia immer wieder wie ein dicker Liebesbrief auch für mich. »Rebecca, ich habe doch alles gewusst und schau mal her, Pia ist deine Tochter.« Geliebt, Pia ist von Gott geliebt, von uns und von ganz vielen Leuten um uns herum. Ich freue mich, dass sie lebt, und kann nur staunen. Das Leben ist so kostbar und die Liebe wächst und gedeiht, jeden Tag ein bisschen mehr.

Überall in meinem Leben, wo ich auch hinschaute, erkannte ich die Prise pures Glück, die Pias Ankunft in unserer Familie

Eine Prise Glück namens Pia in unserem Leben.

mit sich gebracht hatte. Wir genossen es richtig, sie bei uns zu haben. Einmal war ich im Badezimmer und saß lange auf dem Rand der Badewanne, weil ich mich nicht satt hören konnte. Ann-Céline hatte Pia ihr neues *Narnia*-Buch vorgelesen und jetzt sang sie für Pia. Einmal kam ich ins Wohnzimmer und entdeckte, wie Emma eine Marionettenaufführung mit ihren Socken für ihre kleine Schwester machte. Sie drehte sich um und sagte: »Mama, sie schläft immer wieder ein, aber wenn ich ihr Gesicht streichle, schaut sie weiter, was ich mache.« Ich hörte abends Christoph mit Pia kuscheln. Er sagte: »Ist es eigentlich erlaubt, so süß zu sein?« Mein Herz schmolz dabei. Jeden Morgen, nachdem wir mit Windeln wechseln fertig waren, drehte ich mich um und schaute uns im großen Spiegel an, Pia auf meinem Arm und sagte: »Oh, das ist aber ein ganz hübsches Baby, wer ist das? Das ist Pia.«

Es war, als wenn man eine Tür aufmacht und eine große Portion Glück zusätzlich ins Familienleben kommt. Oder wenn du

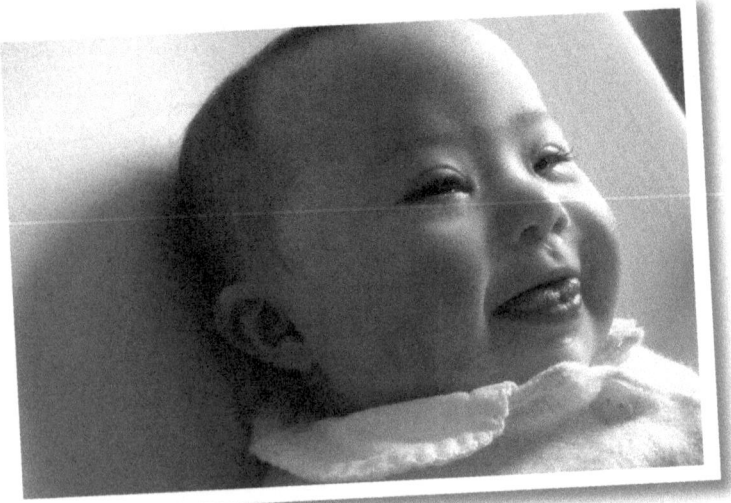

Pias Lachen machte uns glasklar, wie kostbar das Leben ist, jedes Leben.

im Sommer in der Provence in einem dunklen Raum am Spätnachmittag die Fensterläden aufmachst und auf einen Schlag die Sommerdüfte hereindringen. Du atmest die Wärme ein. Und so war es, als Pia zu uns kam. Und davon konnte ich nicht schweigen. Ich schrieb oder erzählte immer wieder, wie dankbar ich war: gesegnet mit meinen drei Töchtern. Wir ließen hunderte von Karten drucken, um unseren Freunden und Bekannten Bescheid zu sagen. Wir schickten sie in die ganze Welt (also bis Amerika und Kanada). Darauf war ein Bild, wie Pia gerade in ihrem Prinzessinnenbett schläft, ihr Name und ihr Geburtsdatum und wenn man die Karte aufklappte, sah man das erste Familienbild von uns fünf bei uns daheim und den folgenden Text (in drei Sprachen):

»Seit dem 18. September ist Pia Teil unserer Familie. Wir genießen ihre sanfte Art, ihre Schönheit und ihr Vertrauen in uns. Und wenn sie lächelt, lächelt uns Jesus ein bisschen mit an.«

Auch auf Facebook schrieb ich immer wieder etwas. Das mache ich immer noch, regelmäßig. Soziale Netzwerke sind so eine Sache für sich. Sie haben Vor- und Nachteile, aber ich bin gerne darin aktiv. Solang Pia noch nicht offiziell von uns adoptiert war, haben wir die Anweisung unserer Vermittlungsstelle konsequent befolgt: »Kein Bild von Pia im Internet, bitte«. Bis der Adoptionsbeschluss kam, stellten wir nur Bilder ein, auf denen man Pia nicht erkennen konnte: mal den Rücken, mal einen Fuß oder eine Hand, mal auch nur ein paar Haare. Aber ich erzählte immer wieder bewusst auch von unserem Alltag mit ihr. Einmal sagte mir ein guter Freund und Psychologe: »Facebook ist wie ein Dorf und du sitzt am Markplatz und erzählst einfach von eurem Leben.« Für mich ist es besonders praktisch, weil ich noch viele Freunde und Bekannte und auch meine ganze Familie in Belgien habe und so kann man ein bisschen von ihrem Leben mitbekommen, sich mitfreuen oder auch mal wissen: Jetzt brauchen sie Gebet, Unterstützung oder ganz einfach ein Mut machendes Wort. Und so mache ich es auch, ich erzähle von meinen Katastrophen, meinen Gedanken, den Momenten, die ich genieße. Also bat ich dort auch ganz natürlich meine Freunde, zu beten, als die Adoption gerade lief (ohne zunächst viel zu erklären), und als wir Pia mit nach Hause brachten, teilte ich diese gute Nachricht dort auch. Und diese »Normalität«, diese Mitteilungen schlagen manchmal mehr Wellen, als ich je gedacht hatte. Wenn ich Facebook öffne, kann ich auch in meinen eigenen Erinnerungen stöbern. Wollt ihr auch ein paar lesen?

»Heute suchte ich einen Parkplatz in der Stadt und fand einen ganz nah an dem Ort, wo ich hin wollte (was wichtig war, weil ich viel zu tragen hatte). Emma und Pia waren dabei. Als ich ihn gefunden hatte, war ich so froh, dass ich laut sagte: »Oh, danke, Jesus, für diesen super Parkplatz.« Ein paar Minuten später hörte ich hinter mir Emma, sie sagte im selben Tonfall wie ich: »Oh, danke, Jesus, dass du Pia gemacht hast.« Und ich musste schmunzeln und sagte: »Eines Tages wird Pia auch beten und sagen: ›Oh, danke, Jesus, danke, dass du meine große Schwester Emma gemacht hast.‹«

Und es fehlen mit diesen drei Mädels niemals Gründe, um herzlich zu lachen. Als ich einmal mit ihnen in die Bücherei ging, redete ich wie gewöhnlich länger vorne an der Theke und merkte erst nach einer Weile, dass Pia fröhlich überallhin krabbelte mit einer von Christophs frisch gewaschenen Unterhosen um den Hals. Sie hatte sie in meinem Wäschekorb im Wohnzimmer gefunden und fand es immer sehr interessant, Kleider selber anzuziehen. Ich verschluckte mich quasi bei dem Gedanken, dass sie seit mindestens fünf Minuten mitten in unserer Stadtbücherei so herumspazierte und ich es nicht gemerkt hatte … Ich steckte so schnell wie möglich das Prachtstück in meine Handtasche und musste lachen über unsere »besondere Familie«. Und ich hoffte so sehr, dass die Leute uns nicht als »arme Familie mit einem behinderten Kind« bezeichnen, das sind wir wirklich nicht.

Ein anderes Mal schrieb ich, was ich tief in mir fühlte: »Ich schaue in Pias Augen. Sie lacht, sie erzählt, sie schaut ihre Schwestern an. Ich bin so froh, dass sie am Leben ist.« Oder: »Ich nehme Pia in meine Arme, ich kann gar nicht fassen, dass sie unser Baby ist, so süß.« Ich versuchte, meine Bewunderung über die Liebe in Worte zu fassen: »Heute Morgen konnte ich nur staunen über die Tatsache, dass man ein Kind aufnehmen kann und es so lieben, als ob es sein eigenes Fleisch und Blut wäre.« Es taucht immer wieder in meinen Kommentaren auf: Wir wollten einem Kind eine Familie sein, ihm helfen, und wir waren die, die am meisten beschenkt wurden: »Gestern ist Pia fünf Monate geworden, sie ist seit drei Monaten bei uns. Sie ist unsere Sonne. Mein Cousin sagt immer: ›Beim Teilen wird es mehr.‹ Ja, durch Geben wird man reicher.«

Wenn ich an die ersten Monate mit Pia zurückdenke, habe ich ganz viele Erinnerungen, die wie feine (belgische) Pralinen schmecken. Oft waren es die kleinen Details des Alltags, die mich am meisten mit Friede und Freude erfüllten. So wie dieser: »Ann-Céline und Emma ziehen sich an, Pia wacht langsam auf, ich sehe in ihr Bett, sie macht die Augen auf, schaut mich an und lächelt. Gestern habe ich viel Wäsche gewaschen, es war dringend, mein Mann hatte nämlich nichts mehr anzuziehen.«

Ich genoss es besonders, meinen drei Mädchen zuzuhören und sie zu beobachten (ihr Zimmer lag neben unserem und ich konnte immer gut zwischendurch Schnappschüsse machen, von dem, was dort geschah, wenn die Mama nicht da ist): »Gestern hat Ann-Céline mit Pia gekuschelt, ich höre vom Zimmer nebenan: ›Pia, du bist eine ganz, ganz Feine, ich bin froh, deine große Schwester zu sein, ich glaube, dass ich schon deine Schwester war, als du geboren wurdest.‹ ... und ich kämpfte mit den Tränen ... Ann-Céline, du bist auch eine ganz, ganz Feine.«

Es ist immer noch so, ich versuche dieses Sanfte, diese Wärme im Alltag einzuatmen, ich suche das bewusst und erzähle davon auch sehr gerne. Und solche Augenblicke haben sich mit jedem Kind vermehrt und so hat auch Pia eine Ladung voll mitgebracht.

Du übertreibst, Rebecca! Nein, tue ich nicht. Aber vielleicht vergisst man auch mit der Zeit die Momente, die schwieriger sind, und deswegen werde ich versuchen, auch davon zu erzählen. Mit all dem Schönen, was wir erlebten, war die Müdigkeit auf einen Schlag auch sehr gewachsen. Ab und zu wachte ich auf und mir war schwindelig oder ich kam kaum aus meinem Bett heraus. Die Nächte waren ein eigenes Thema. Ich schrieb einmal: »Vier Uhr morgens, aufstehen, die Flasche vorbereiten. Feststellen, dass ich die Flasche nicht richtig zugemacht habe, und dass Pia völlig mit Milch durchnässt ist, ihr einen anderen Pyjama anziehen, ihr erklären, dass die Mama jetzt nicht mit ihr spielen will. Fünf Uhr, die Nacht kann weitergehen.«

Manchmal musste ich nachts zwei Fläschchen vorbereiten und geben und manchmal schliefen wir richtig schlecht, weil Pia beim Schlafen so viel Krach machte, dass wir dachten, wir hätten einen Rasenmäher im Zimmer.

Eines Tages kam Emma ins Bad und sagte: »Mama, du siehst komisch aus mit deinem braunen Make up unter den Augen.« Und ich lachte verzweifelt: »Oh, mein Schatz, es sind Augenringe, es sieht so aus, weil ich gerade sehr, sehr müde bin.«

Ja, ich war schon sehr müde. Aber ich wollte es irgendwie nicht zugeben. Es fehlte halt jede Nacht schnell eine Stunde Schlaf und ich hatte noch nicht so richtig verstanden, dass ich wirklich nein sagen lernen musste, auch zu meinen Erwartungen an mich selbst.

Ich wollte gut funktionieren und der Welt zeigen, dass man ein Kind adoptieren und gut weiterleben konnte (und sogar nach der Adoption eines Kindes mit Trisomie 21). Ich hatte mich für die Adoption entschieden und auch für dieses Kind, deshalb dachte ich, dass ich alles locker unter einen Hut bringen müsse. Nun dachte ich, dass die Leute Rücksicht nehmen würden, dass sie verstehen würden, wie ausgelastet ich war. Aber in der Tat kamen nicht weniger Anfragen. Und da ich nicht so gut nein sagen konnte, wurde es immer mehr. Ich bekam viele Geschichten, zum Teil schwere Schicksale mit. Ich wollte so sehr helfen, aber dabei war es für mich immer wieder ein Kampf, Luft zu bekommen. So war ich wirklich ein bisschen überfordert und müde, aber so dankbar, so dankbar für meine drei Töchter.

Ich gebe zu, seither bin ich schlauer geworden und denke heute: »O weh, da habe ich mir das Leben selber schwer gemacht, da hätte ich ein bisschen mehr auf meine Grenzen und meine Prioritäten achten müssen.« Aber trotzdem freute ich mich jeden Tag auf unsere Familie, unseren Weg und lebte dankbar, müde und glücklich.

Wie es für Ann-Céline und Emma war? Sicher nicht immer einfach, aber im Großen und Ganzen ist Pia sehr schnell angenommen worden. Eben so, wie wenn ein drittes Kind geboren wird und die Großen wollen »sich um dieses süße Baby kümmern«. Ann-Céline wollte mit Pia viel kuscheln, sie gab ihr auch ab und zu die Flasche. Emma musste lernen, nicht mehr die Kleinste zu sein, irgendwie gewöhnte sie sich schneller daran, als ich dachte, und war nur beleidigt, dass sie nicht so viel helfen konnte wie Ann-Céline. Eifersucht? Kein Thema. Ich rechnete eigentlich damit und hätte es gut verstanden, aber es kam nicht. Wir hatten Pia einen großen Stubenwagen gekauft (so einen, wie sie bei der Pflegemama hatte). Es war ein Prachtstück und ich fand ihn besonders schön. Mit seinen Rädern konnte ich ihn in jeden Raum rollen, wo wir gerade waren. Da Pia viel schlief, war sie immer in unserer Nähe und doch nicht immer im Zentrum unserer Aufmerksamkeit.

Klar änderte sich unser Alltag und ich bemühte mich, hellhörig zu sein und mit Ann-Céline und Emma in einem offenen Gespräch zu bleiben. Sie durften auch sagen: »es nervt«, sie durften sagen: »es stinkt mir, dass es anders ist«. Und sie machten es auch, nicht oft, aber im richtigen Moment. Nein, es war nicht alles super toll für sie geworden. Manches war anstrengend, manches war anders geworden. Aber darüber darf man auch klagen und so suchten wir gemeinsam neue Lösungen für die neuen Probleme, die da waren.

Heute können wir uns alle Fünf nicht mehr vorstellen, wie unser Leben ohne Pia wäre. Auch ohne Ann-Céline und Emma. Jede hat ihre Art, ihre Begabung, ihren Humor, ihre Leidenschaften. Emma betet oft am Abend: »Danke, dass Pia in unserer Familie ist« (und dann fährt sie fort: »… und bitte mach, dass sie Papa und Mama schlafen lässt«).

Eines Tages spielten sie sogar »Adoption«, es war herrlich. Sie erklärten mir stolz: »Mama, wir sind zwei Mädchen einer reichen Familie und wir haben Pia in einem Korb am Straßenrand gefunden und sie dann adoptiert.«

Die Liebe wächst, die Liebe gedeiht, sie nimmt den Raum ein, den man ihr gibt (wie die Schildkröte, die meine Schwester damals bekommen hatte: Sie wuchs immer mehr, nachdem sie ein größeres Aquarium bekommen hatte). Wir hatten die Entscheidung getroffen, Pia anzunehmen und zu lieben, und so geschah es auch. Es war nicht schwierig, es war völlig selbstverständlich. »Jedes Kind ist ein Geschenk«, diesen Satz hatte ich so oft gehört. Und er füllte sich in unserem Alltag mit Leben. Da hatten wir es, ein Geschenk mit vielen Nebenwirkungen: mehr Küsse, mehr Freude, mehr Sonne, auch mehr Aufgaben, ein Tick mehr Sorgen, eine Prise Termine dazu, und bisschen weniger freie Zeit … Wir waren reicher geworden.

2. Angenommen und geliebt

MIT PIAS ANKUNFT BEI UNS kam auf uns natürlich ein bisschen mehr zu als Windeln wechseln und Flasche geben. Es war kein »Fertigpaket«, das wir bekommen hatten. Wir mussten an der Bindung arbeiten und auch die rechtlichen Aspekte dieser Adoption angehen. Denkt ein bisschen an das Flechten, wir mussten in verschiedenen Bereichen gleichzeitig aktiv sein: mit Pia, mit den Behörden, mit der Vermittlungsstelle. Wir mussten uns mit der Frage beschäftigen, welche Therapie Pia brauchte. Wir hatten Pia nach Hause gebracht, aber sie brauchte Zeit, um zu verstehen, dass wir jetzt ihre Familie waren. Zeit und Aufmerksamkeit, um die Bindung richtig aufzubauen. Wir befolgten die Anweisungen unserer Vermittlungsstelle so treu wie möglich. Sie hatten uns gebeten, dass wir aufpassten, dass nur wir vier (Pias neue Familie) sie auf dem Arm trugen, wickelten, trösteten und fütterten ... Wir hatten immer wieder viele Leute um uns herum (in der Gemeinde, auf dem Spielplatz, zu Besuch ...), aber nur wir vier übernahmen diese Aufgaben. Wenn sie jemand auf den Arm nehmen wollte, erklärte ich einfach, worum es ging und wieso ich nein sagte.

War das einfach? Nein nicht immer, aber wir konnten die positiven Auswirkungen sehen, das half wirklich sehr. Wir konnten es nachvollziehen und auch die Leute um uns herum. Wir mussten treu diese Bindung aufbauen, mit allem, was wir taten, ausdrücken: »Wir sind es, deine Familie, wir lieben dich, wir geben dir Sicherheit, von uns brauchst du nicht mehr wegzugehen, du gehörst zu uns.«

Du gehörst zu Familie Fischer. Ja? Aber offiziell noch nicht! Es lagen noch ein paar rechtliche Schritte vor uns. Wie gewöhnlich lief die Adoption zunächst als Adoptionspflege.

Unser erstes Weihnachten zu fünft. Etwas mehr als zwölf Monate nach unserer Überprüfung erlebten wir dieses Fest gemeinsam und sahen Pia als großes und schönes Geschenk.

Wir wurden nicht als Pflegefamilie behandelt, sondern als Adoptivfamilie (es macht unter anderem einen finanziellen Unterschied). Ganz offiziell trug Pia immer noch ihren Familiennamen, aber da es eine Inkognitoadoption war, durfte ihn niemand erfahren... Also mussten wir im Rathaus und bei der Krankenkasse alles erklären, damit unser Name auf ihren Papieren stand. Es ging gut, besonders durch die Hilfe von Frau Schmidt, die sich sehr gut auskannte und uns auch tatkräftig unterstützte. Am Ende war alles immer kein Problem und so meldeten wir Pia Fischer in unserer Stadt an und gingen zum Arzt, ohne ihre Karte verstecken zu müssen, ganz einfach, weil Pia Fischer darauf stand.

Vielleicht fragt ihr euch: »Was für ein Spielchen, kann man das nicht vermeiden?« Oder sogar: »Wovor haben Fischers denn Angst gehabt?« Es ist eben so, es war ein normales Verfahren. Diese Vorschriften und Maßnahmen sind dazu da, um uns zu schützen, um Pia zu schützen und um ihre leibliche Familie zu schützen.

Ihr denkt vielleicht: »Darf Pia auch ihre leibliche Familie treffen, wenn sie es möchte?« Ja, das darf sie, wenn sie es einmal möchte. Und diese Familie darf auch Kontakt mit der Vermittlungsstelle aufnehmen, um uns und Pia zu treffen, aber alles wird über die Vermittlungsstelle geschehen.

Oft fragten mich die Leute besorgt: »Darf die leibliche Mutter ihr Kind wieder zurückbekommen?« Nein, das darf sie nicht mehr. Es ist alles gesetzlich festgelegt. Ich versuche es kurz zu beschreiben: Wenn jemand sein Kind zur Adoption geben will, muss er/sie zum Notar gehen. Da wird alles erklärt und die Person muss bestimmte Unterlagen unterschreiben. Dieses Verfahren ist sehr klar geregelt. Ein Vater kann sein Kind schon vor der Geburt zur Adoption freigeben. Eine Mutter muss warten, bis das Kind acht Wochen alt ist. Ab diesem Moment darf auch sie zum Notar gehen und die Akten unterschreiben. In solchen Fällen ist das Kind oft schon in Obhutnahme oder sogar schon bei der Adoptivfamilie. Warum muss die Frau warten? Der Gesetzgeber berücksichtigt den besonderen emotionalen und körperlichen Zustand einer Frau, die gerade entbunden hat. Wenn diese Entscheidung getroffen ist und alle Akten unterschrieben sind, darf die Person ihr Kind nicht mehr zurückbekommen. Es ist rechtlich nicht mehr ihr Kind. Das heißt für uns, dass Pias leibliche Mama nicht nach zwei oder zwölf Jahren auftauchen darf und sagen: »Das war doch mein Kind, ich will es zurück.« Dieses Thema ist irgendwie so krass. Selbst beim Schreiben wird es mir unwohl. Aber diese Regelungen sind nötig und ganz wichtig, um die Kinder zu schützen und ihnen Stabilität zu sichern.

Also, wir waren unterwegs in diesem langen rechtlichen Prozess. Pia kam von ihrer Pflegemama zu uns. Unsere Vermittlungsstelle hatte die Aufgabe, uns zu unterstützen, aber auch, uns zu prüfen und Akten für den Familienrichter vorzubereiten, der den Beschluss fassen würde. Wir meldeten Pia im Rathaus und sie bekam einen Vormund zugeteilt, der zum Landkreis gehörte. Und Pias Vormund war eine sehr liebevolle und interessante Frau. Sie hatte die Verantwortung, nach Pias Wohl zu schauen, sie besuchte uns regelmäßig. Wenn es ärztliche Entscheidungen zu treffen gab, mussten wir mit ihr Kontakt aufnehmen und um ihre Unterschrift bitten (zum Beispiel für eine Impfung). Wir mochten sie sehr (besonders die großen Mädchen, die sich immer freuten, Pias Vormund zu Besuch zu haben). Und für uns war es auch eine tolle Unterstützung, um mit manchem »Papierkram« zurechtzukommen. Dank ihrer Hilfe hatten wir, noch bevor die Adoption abgeschlossen war, einen Schwerbehindertenausweis für die kleine Pia bekommen.

Bis das Familiengericht beschlossen hatte, dass Pia offiziell unser Kind war, hatten wir auch noch jeden zweiten Monat einen Besuch von Frau Schmidt, der Sozialarbeiterin, die sich bis jetzt um uns gekümmert hatte. Auf der einen Seite mochte ich diese Besuche nicht so sehr, weil ich immer nervös war und alles schön aufräumen wollte. Auf der anderen Seite war es wirklich gut, einen Blick von außen zu bekommen. Frau Schmidt konnte uns in vielen Fragen helfen, sie beobachtete unsere Bindung zu Pia und beriet uns mit Respekt und viel Liebe für die Kleine. Sie verfolgte alle Fortschritte und machte uns Mut. Einmal sagte sie: »Schön, dass Pia sich gerade ein bisschen frech benimmt, es zeigt, wie gut sie angekommen ist.« Und ich war dankbar, dass sie noch ab und zu zu uns kam. Sie bereitete auch einen Bericht für den Richter vor.

Der Vormund und die Sozialarbeiterin behielten im Auge, wie wir Pia unterstützten. Deshalb hatten wir am Anfang eine Reihe von Terminen für Pia. Wir stellten sie unserem geliebten Kinderarzt vor, dann fanden wir eine Praxis für Physiotherapie, wo ich mit Pia einmal pro Woche hinging (zunächst um ihre schiefe Kopfhaltung ein bisschen zu reduzieren, danach um ihre motorische Entwicklung zu unterstützen). Wir besuchten die Sprachtherapeutin hier in der Stadt und auch einen Spezialisten in Karlsruhe und machten ein oder zwei Kontrolltermine beim Hals-Nasen-Ohrenarzt. Es war ein bisschen mehr als das, was wir bei unseren großen Töchtern damals gemacht hatten, aber nicht übertrieben viel. Ich wollte auch nicht, dass Pia ein »therapeutisches Projekt« würde. Sie war unsere Tochter und was sie am dringendsten brauchte, war eine Familie und nicht einen vollen Kalender. Wir kamen auch in Kontakt mit der Frühförderstelle in unserer Stadt. Ich genoss die Termine dort. Das Team ging mit Pia super liebevoll um und wir wussten, dass sie uns auf dem Weg gut helfen würden. Irgendwann reduzierten sich die Termine, und es blieb nur der wöchentliche Besuch beim Physiotherapeuten und dann mit Abstand ab und zu ein Test oder Gespräch in der Frühförderstelle. Gott sei Dank ist Pias Gesundheit bis jetzt sehr stabil und das entspannt mich sehr.

Im Alltag wuchs die Liebe so schnell und so stark, dass ich bald vergaß, was am Anfang noch so präsent war: dass eine andere Frau sie getragen und geboren hatte. Ich spürte bewusster, wie Pia mein eigenes »Baby« geworden war, mein Fleisch und Blut. Am Anfang war zum Beispiel ihr Geruch deutlich anders als unserer. Das erzählte ich einem Freund, der auch ein Kind adoptiert hatte. Er erklärte mir, dass das normal sei und sich ändern würde, wenn sie in unserer Umgebung lebte, wenn sie unsere Bakterien teilte. Seitdem habe ich manchmal über dieses Thema mit Pflegeeltern geredet, weil sie auch damit konfrontiert sind. Sie bekommen ein Kind, das nach einer anderen Familie riecht, und das kann einen unbewusst oder auch ganz bewusst stören. Aber wie gesagt, es änderte sich von allein. Und es war faszinierend festzustellen, wie schnell und deutlich Pia auch unsere »Mimik« übernahm. Sie wurde uns immer ähnlicher. Die Sozialarbeiterin erklärte uns, dass das Teil des Adoptionsprozesses ist. Die Kinder »passen sich an«, das Bedürfnis, »dazuzugehören« wird dadurch gestillt. Pia sah immer mehr aus wie unsere Emma und Ann-Céline und sie lernte viel von den beiden: ihren Humor, Neugier, ihre Liebe zu Büchern…

Es kam der Moment, als ich deutlich spürte, wie mir Pia quasi ins Herz transplantiert worden war. Ich fühlte: »Wenn ihr etwas zustoßen sollte, dann könnte ich nicht mehr leben«, und ich verstand: »Sie ist jetzt ganz meine Tochter«. Ich küsste ihre Füße beim Windelwechseln, streichelte ihre Beine, sie war nicht in meinen Bauch gewachsen, aber sie war mein Baby, und ich hatte sie so sehr lieb. Unfassbar, wie Liebe sich in unser Leben schreibt. Am Anfang war Pia sehr ruhig und angepasst, wie viele Kinder, die neu in eine Familie kommen. Eines Morgens wachte sie auf und musste laut schreien und weinen, das war für Pia ungewöhnlich. Ich nahm sie auf meinen Arm und durfte sie das erste Mal wirklich trösten. Als sie sich beruhigt hatte, konnte ich meine Freude nicht fassen, mein Herz schlug schneller und strahlte etwas Warmes aus: dieser Augenblick war wichtig für mich. Als ich mein Gesicht ganz nah an ihres brachte, fing sie mit ihren kleinen Händen an, es zu berühren, zu entdecken. »Ja, Pia, ich bin deine Mama. Ich bin da für dich, du darfst weinen, schreien, gegen mich stampfen, brüll deinen Schmerz in meine Ohren, wenn dich etwas stört, wenn jemand dir weh tut, wenn du irgendwo runterfällst, wenn du nicht einverstanden bist. Kleine Pia, sag es mir, so laut du kannst. Ich bin da, ich bin deine Mama, ich werde dir so gut helfen, wie ich es kann. Du bist mein Kind, Pia, und eine Mama ist auch dafür da: zu trösten, zu helfen, mitzufiebern, zu leben, lachen, weinen ... du bist unser Kind und wir lieben dich!«

Und so wuchs unser Vertrauen zueinander. Ich schaute Pia oft an, wenn sie schlief, und war einfach nur dankbar, dass sie am Leben war. Ich bewunderte sie, ihre Art, ich dachte: »Ich fühle mich so geliebt, so ein Geschenk bekommen zu haben.« Manchmal tat mein Herz weh, wenn ich an die Babys und Kinder mit Down-Syndrom dachte, die nicht bei ihrer Mama sein können und noch auf eine Familie warten. Ich konnte einfach nicht verstehen, was bei ihr so »erschreckend« sein sollte. Ich hatte ein drittes Kind bekommen und sie war nicht schwieriger als meine zwei ersten Babys, ich flüsterte ihr immer wieder zu: »Ich bin jetzt deine Mama, ich bin so stolz auf dich, du bist mein Schatz.« Der Alltag war bunt wie immer und wie vor Pias Ankunft bei uns. Und das Leben war nicht schwieriger geworden, nur reicher.

Nach mehreren Monaten war es soweit und die Sozial-arbeiterin schlug uns vor, mit einem Notar einen Termin zu machen, um unseren Adoptionsantrag abzugeben. Es war wieder mal Zeit, um Papiere zu sammeln und Atteste (auch für Pia), die festhielten, dass wir »psychisch und körperlich gesund und frei von ansteckenden Krankheiten« waren. Es ist ein offi-zieller Schritt. Wenn das gemacht ist, kann man es nicht mehr rückgängig machen. Es ist ein unwiderruflicher Antrag. Wir erhielten einen Termin und gingen mit allen benötigten Doku-menten hin (ihr glaubt nicht, wie gut wir in Sachen »Papier-kram« geworden sind, nichts kann uns mehr erschrecken). Pia kam mit und die junge Notarin las uns den Antrag vor und erklärte alles sehr deutlich. Sobald Pia adoptiert ist, darf sie nie-mals mehr zur Adoption freigegeben werden (»im Gegensatz zu Ihren leiblichen Kindern«… oh ja, aber solche Pläne hatten wir doch gar nicht) und sie gehört zu unserer Erbenlinie und so weiter… Und da waren sie wieder, ein paar Tränen kullerten über meine Wangen. Pia war noch nicht eins geworden, und so saßen wir in diesem großen Büro, unser Baby im Arm und die Akten auf dem Tisch, und machten diesen einmaligen Schritt. Christoph konnte noch besser auffassen, wie wichtig dieser Moment war, ich dachte nur: »Na ja, so, und jetzt gehen wir hin und es ist erledigt«. Christoph begriff viel tiefer, was es bedeutete (vielleicht, weil er sich wieder ganz genau informiert hatte). Er wusste: »Jetzt beantrage ich, offiziell und für immer Pias Papa zu werden, damit sage ich laut und deutlich: *Ja, ich will.*« Später, als ich wegen des Termins beim Richter nervös wurde, sagte mir Christoph immer wieder: »Aber Rebecca, der Termin beim Notar war viel wichtiger, es war unser Teil der Arbeit, unsere ›Entscheidung ganz und für immer‹, beim Richter geht es nur noch um die Zusage (also hoffentlich).«

Im Juli wollten wir Pias Einsegnung feiern mit einem ganz großen Fest, voller Freude, voller Dankbarkeit. Dieser Tag war für mich so besonders, dass ich heute noch das Datum von Pias Geburtstag und das von ihrer Einsegnung verwechsle. Wir luden viele Leute ein und planten ein großes Essen nach dem Gottesdienst. Es war so schön. Unsere Gemeinde, die Familien, Freunde, viele, die Pia mit so viel Liebe aufgenommen hatten, waren da. Es war schön, diesen Moment zusammen zu erleben. Uns war es wichtig, dass Werner predigte, dass er unsere Pia segnete, weil auch er und seine Frau alles von Anfang an miterlebt hatten. Sie hatten uns mit Liebe und Gebet getragen, mit uns gefiebert. Sie wussten von unserer Motivation, unseren Ängsten, unseren Herzen. Bevor Werner seine Predigt begann, ergriff ich die Gelegenheit, eine Kurzfassung (ich gebe zu, so kurz war die Fassung auch nicht) unserer Geschichte zu erzäh-

Pias Einsegnung – ein unvergesslicher Tag, umgeben von Familie und Freunden. »Pia, du gehörst zu uns!«

len. Es war ganz still im Saal. Wir hatten so viel Gutes mit Gott erlebt und ich wollte ganz offen darüber reden. Und so brachte ich aus Versehen die Hälfte des Publikums zum Weinen und dann aber auch alle zum Lachen. Als Werner für uns als Familie betete, musste ich aber auch weinen. Seine Worte trafen mein Herz direkt, besonders diese Sätze, die er in seiner Art ruhig und klar aussprach:

»In Sprüche 31,8 steht: ›Tu deinen Mund auf für die Stummen und für die Sache aller, die verlassen sind.‹

Ihr seid für Pia eingetreten und habt gesagt: Bei uns hat sie einen Platz. In einer Welt, in der die Dinge vollkommen sein sollen und ohne Makel, stehen oft die Schwachen am Rande. Sie brauchen einen Fürsprecher. Jemand, der für sie die Stimme erhebt. Das habt ihr getan und habt euch bewusst für Pia ausgesprochen. ›Du gehörst zu uns. Wir nehmen dich an, so wie du bist, denn du bist ein von Gott geliebter Mensch.‹«

Oh ja, und so war es auch. Und als wir alle zusammen Maultaschen aßen, war es spürbar: »Pia, du gehörst zu uns, unserem Team, unserer Familie und zu unserer Gemeinde, zu unserer Stadt, hier haben wir einen Platz für dich.« Wir waren umgeben von liebenden Menschen, die Pia auch angenommen hatten. Wie man so schön sagt: »Es braucht ein Dorf, um ein Kind zu erziehen«… oder einfach: um jedes Kind willkommen zu heißen, ihm einen guten Platz zu geben.

Ein paar Tage später hatte Pia Geburtstag. Und ich konnte nicht aufhören, an ihre leibliche Mama zu denken. Ich betete dafür, dass sie Frieden findet. Ich hatte gemischte Gefühle, etwas sagte mir: »Das ist nicht dein Tag, du hast die Kleine nicht zur Welt gebracht.« Christoph verstand, dass es in mir rumorte, und respektierte meinen Zustand. Mit jedem Geburtstag ist es besser geworden und wenn Pia jetzt ihren Geburtstag feiert, denke ich ein bisschen an ihre leibliche Mama und immer mehr an Pias Leben, an all das, was wir mit ihr erleben. Ich feiere fröhlich mit, weil sie einfach größer wird und es schön ist, das zu beobachten, und weil ich jetzt ganz einfach ihre Mama bin. So ist es!

Im Jahr 2013 hatten wir viel zu feiern. Nicht nur die Einsegnung und den ersten Geburtstag, sondern auch den Tag, an dem Pia mit uns nach Hause gekommen war. Ein Jahr zuvor hatte mich eine ganz liebe Freundin mehrmals gefragt: »Wisst ihr, wann sie kommt? Das Datum bitte! Sagt mir Bescheid!« In ihrem feinfühligen Gespür hatte sie begriffen, dass dieser Tag besonders sein würde – ein Datum zum Erinnern, ein Erlebnis, das gefeiert werden musste. Und so nähte sie uns eine Babydecke, voller Herzen, und in einem Kasten ist Pias Name gestickt und daneben das Datum ihrer Ankunft bei uns! Die Decke lag lange im Laufstall und jetzt liegt sie immer noch bei uns im Wohnzimmer. Ich falte sie immer so, dass ich dieses Datum sehen kann. Und dabei denke ich an die Freude, die wir erlebten, als Pia zu uns nach Hause kam. Ich erinnere mich gerne daran, dass wir ein Wunder erlebt haben, dass wir so einen unbezahlbaren Schatz bekommen haben. Bei meiner Taufe, als ich ein Teenager war, hatte ich einen Bibelvers bekommen. Plötzlich verstand ich ihn ganz neu, wirklich hautnah. Auf eine kleine Karte hatte unser Jugendpastor diese Verse geschrieben:

»Ich selbst gehe vor dir her und beseitige alles, was dir im Weg steht. Die bronzenen Türen schlage ich in Stücke und zerbreche die eisernen Riegel.

Ich liefere dir die verborgenen Schätze und die versteckten Vorräte aus. Daran sollst du erkennen, dass ich der wahre Gott bin, dass der Herr, der Gott Israels, dich beim Namen gerufen und in seinen Dienst gestellt hat.« (Jesaja 45,2.3; Gute Nachricht Bibel)

Für mich war Pia so ein Schatz und ich war Gott dankbar, dass er sie mir gegeben hatte, dass er sie uns anvertraut hatte.

3. Für immer und ewig…

ICH HATTE »GLAUBE, HOFFNUNG, LIEBE« als Lebensmotto gewählt und versuchte, danach zu leben, Gott zu vertrauen in den großen und kleinen Fragen unseres Lebens. Und er sorgte für uns. Unerwartet entdeckte ich eine Zeitungsanzeige für eine größere Mietwohnung in einer ruhigen Ecke unserer Stadt. Wir wollten nicht unbedingt umziehen, aber mit einem dritten Kind war es bei uns schon ein bisschen eng geworden. Und als wir die Wohnung mit ihrem wunderschönen Panoramablick auf den Schwarzwald, einem Garten und einem Ofen besichtigten, waren wir begeistert. So erlebten wir ein Jahr nach Pias Ankunft einen Umzug (drei Kinder und mega viele Kisten und dabei eine Unmenge an Büchern). In vier Stunden war der Umzug geschafft und es war für uns ein großes Glück, in diese Wohnung zu kommen. Besonders für unsere großen Mädchen, die mit ihren Freunden im Park spielen konnten, und auch jede ein eigenes Zimmer bekamen.

Wir warteten immer noch auf einen Termin beim Familiengericht. Wir wussten aber, dass es noch eine Weile dauern konnte. Klar hofften wir auf eine Adoption, bevor das Jahr zu Ende ging, aber na ja, darauf hatten wir nun mal wieder keinen Einfluss.

Bis dahin bekamen wir noch immer offizielle Besuche. Ich war nach wie vor ein bisschen nervös, wollte alles gut aufgeräumt haben; wollte zeigen, dass es uns gut ging und Pia gut ging. Kein Mensch hatte noch Zweifel, dass diese Besuche schief gehen konnten (außer mir, na klar!). Auch deswegen wartete ich ungeduldig auf den Moment, wenn wir endlich eine normale Familie mit Pia werden durften (nämlich ohne andere Leute, die mitentscheiden müssen oder uns besuchen müssen).

Mit Pia den Umzug vorzubereiten, war schon sehr ... interessant: Ich füllte die Kisten, sie leerte sie mit größtem Vergnügen.

Am 20. November 2013 kam ich vom monatlichen Pastoren-Coaching in Stuttgart mit Uli nach Hause. Christoph erwartete mich im Flur, hinter seinem Rücken hielt er etwas versteckt: »Ich habe etwas für dich, Rebecca«. Er überreichte mir einen großen braunen Umschlag. Ich konnte sehen, dass er vom Familiengericht kam, und dann fing mein Mann plötzlich an zu weinen. Die Ladung zur Anhörung beim Richter war angekommen, der Termin war Mitte Dezember. Die Adoptionsprozedur war wirklich bald beendet, das war uns beiden klar, und so lagen wir uns in unserem Flur in den Armen und weinten. *Dankbar*, so dankbar! Bald würde Pia unseren Namen bekommen, endlich!

An einem Abend im Dezember war ich müde, die Kinder waren anstrengend gewesen an diesen Tag und mir kam der Gedanke: »Jetzt hast du bald für immer ein Kind mit Behinderung.« Ich hätte diesen Gedanken gleich stoppen und mich erinnern müssen: »Moment, Rebecca, bis jetzt geht alles so gut, schau genau hin, alles passt und Gott sorgt für euch.« Aber ich ließ die Sorgen mir die Luft wegnehmen. Ich hatte mal wieder Angst, Zukunftsängste (darin bin ich Profi, oder?). Ich ging hinaus und lief in die kalte Winternacht, ich hätte am liebsten mein Gehirn frieren lassen. Stopp, nein, ich weiß nicht, wo Pia später leben wird. Stopp, nein, ich weiß nicht, wie es wird... Ja, sie wird auch mal ein Teenie und vielleicht wird sie dann nicht mehr so süß sein. Ich blieb unruhig, müde, angespannt. Wo war mein Frieden? Der Termin näherte sich und eines Nachts träumte ich, dass Christoph und ich in ein Heim gingen, um ein Kind von dort zu adoptieren. Es kam mir ein Kind entgegen, ein älteres Mädchen, das nicht besonders schön aussah, die Trisomie 21 zeigte sich ganz stark in ihrem Gesicht. Ich dachte: »Was werden wir tun?« Dann schaute ich Christoph an und er nickte mit dem Kopf, ein Ja. In meinem Traum nahm ich dieses Mädchen in meine Arme und sagte: »Ja, du kannst zu uns kommen, wir werden uns um dich kümmern« und ich spürte, wie mein Herz sich mit Liebe füllte wie eine warme Welle. Ich wachte mit einem Satz im Kopf auf: »Rebecca, die Kraft wird immer reichen.« Und ich wusste, dass die Liebe immer wieder neu da sein wird, auch für Pia, auch wenn sie sich vielleicht nicht immer »artig« benehmen wird. Auch wenn es vielleicht schwieriger wird. Ich erlebte in meinem Traum, wie Liebe geschenkt wird. Ich erinnerte mich, dass ich Menschen mit Down-Syndrom immer geliebt habe, egal, wie alt sie waren, und egal, wie sie sich verhielten. Ich wusste: Gott ist immer schon da und er bleibt auch an unserer Seite. Diesen Traum hatte ich am Samstag vor unserem Termin. An diesem Sonntag bat ich unsere Gemeinde, für uns zu beten; für den Termin, dass alles gut liefe und mein Herzensfriede verankert bliebe. Viele beteten für diesen Termin, und es tat wieder so gut, sich umgegeben zu wissen von guten Gedanken und Gebet.

Am Mittwoch war es soweit, wir gingen zur Schule, um die großen Mädchen abzuholen. Der Termin war um 13.30 Uhr. Es war nicht genügend Zeit, um daheim zu essen. Also aßen wir zwischendurch eine Kleinigkeit im Auto und gingen quasi direkt zum Familiengericht. Wir hatten alle ein bisschen Respekt vor diesem Ereignis. Die Mädels fragten uns, was sie wohl zum Richter sagen müssten. »Macht euch keine Gedanken. Ihr antwortet einfach, was ihr denkt, wenn der Richter Fragen stellt.«

Pia war gut gelaunt und so marschierten wir erhobenen Hauptes in das Gebäude, Treppe hoch, zu Saal so und so. Es war ein kleiner Gerichtssaal, eher ein riesiges Büro für den Richter, rechts und links Platz für die Anwälte, schätze ich. Wir saßen brav auf den Stühlen, die an der Wand gegenüber dem Richtertisch standen. Pias Vormund kam auch und dann der Richter. Er war uns gleich sehr sympathisch, ein erfahrener Familienrichter. Er setzte sich und fing an zu lesen. Wir wussten nicht, was uns erwartete. Er fragte Emma und Ann-Céline, wie es mit Pia ginge, ob sie viel mit ihr stritten, ob sie sie gerne als Schwester hatten. Unsere Mädchen waren nicht eingeschüchtert und erzählten ein bisschen und waren dabei wie immer auch etwas lustig. Sie schauten uns an, nach dem Motto: »Ist das okay?«. Es war klar, dass der Richter unsere ganzen Unterlagen gut gelesen hatte. Er sagte, wie wichtig es für ihn sei, zu wissen, ob es unserer Ehe gut gehe oder ob wir vielleicht planten, uns in den nächsten beiden Monaten zu trennen (er erwähnte ein trauriges Ereignis, das er erlebt hatte). Da sagte Christoph (also, ja mein Ehemann, der immer so besonnen ist): »Ah, nein, sicher nicht vor Februar.« Ich sah ihn mit offenem Mund an und hätte ihm am liebsten auf die Schulter geschlagen (wie

»Kleine Pia, du bist jetzt Teil dieser Familie, für immer und ewig.«

ich es immer gerne tue, wenn er einen dummen Spruch macht): »*Christoph*, nicht beim Richter, man macht keine dummen Witze, wenn es um die Adoption unseres dritten Kindes geht…«, aber ich sah ihn an und wir lachten alle, er sagte dann ehrlich: »Nein, es geht uns gut und wir haben keine Pläne, uns zu trennen.« Der Richter fragte Pias Vormund, ob sie etwas über die Adoption zu sagen hätte. Er erwähnte unsere Anfrage, Pia zwei weitere Vornamen zu geben, und stimmte dem auch zu. Dann begann er, seinen Beschluss vorzulesen, schaute uns an und sagte: »Ich hoffe, dass Sie die Papiere noch vor den Weihnachtsferien bekommen, es dauert immer ein bisschen, bis alles ankommt.« Wir wussten, dass sein Beschluss in dem Augenblick rechtskräftig wird, wenn der Brief bei uns ankommt und ihn einer von uns in Empfang nimmt. Also, nur noch ein paar Tage Geduld haben. Der Richter gab unseren großen Mädels noch ein Päckchen Gummibärchen und fragte, ob wir schon gegessen hätten; er schlug McDonald's vor: »Ah, beim Amerikaner kann man immer essen gehen, oder?« Wir lachten, er verabschiedete sich, Pias Vormund hatte auch ein Geschenk mitgebracht, wir bedankten uns herzlich für ihre Hilfe während dieser Monate. Dann war es *vorbei*: Sieben Minuten…, das war alles, was der Richter gebraucht hatte, um zu entscheiden und mitzuteilen, dass Pia offiziell unsere Tochter wird. *Wow!* So schnell, unfassbar, umwerfend! Als wir an diesem Tag nach Hause kamen, erwartete uns vor der Haustür ein Kuchen mit der Aufschrift »Pia Hope Barbara«. Wieder mal ein unvergesslicher Tag! Wie ich immer sagte: »Ein bisschen wie eine Entbindung und Weihnachten am selben Tag.«

Es dauerte nicht lange, bis der Beschluss bei uns ankam. Am nächsten Samstag hatte Christoph beide Briefe in Empfang genommen (einen für ihn und einen für mich). Nichts und niemand konnte es jemals mehr ändern. Pia war Pia Hope Barbara Fischer geworden. Ich las langsam, berührt:

»Beschluss:

Auf Antrag der Annehmenden vom 11. Dezember 2013 wird die Annahme von Pia (…) als Kind der Eheleute …. ausgesprochen.«

Zwischen den Tränen las ich:

»Die Annehmenden wurden persönlich gehört. Auch wurde das Kind Pia erlebt und wurden die beiden Geschwisterkinder (…) angehört bzw. erlebt.

Der Eindruck des Gerichtes ist eindeutig der, dass sich ein sehr gutes Eltern-Kind-Verhältnis und ein eben so gutes Verhältnis zwischen den Geschwisterkindern entwickeln hat.

Die Annehmenden sind sich von ihrer Persönlichkeit her ihrer besonderen Verantwortung vorliegend durchaus bewusst.

Insgesamt erscheint das Kind in der neuen Familie bestens aufgehoben.«

Freude, Freude, Freude … ich las und las es wieder. Ja, wir waren uns der Verantwortung bewusst, ja, Pia war wirklich schon unser Kind geworden und ja, wir gaben unser Bestes, damit sie gut aufgehoben ist. Und das Nonplusultra war dieser kleine

Satz ganz unten: »Der Beschluss ist mit Rechtsmitteln nicht anfechtbar.« Es war entschieden, sicher, fertig, *beschlossen*: Wir waren jetzt Pias Eltern für immer (na ja, eine Rechnung mussten wir noch zahlen, aber manche Rechnungen bekommt man im Endeffekt doch gerne).

In diesem Jahr schrieb ich diese »Weihnachtsgrüße«:

»Liebe Freunde, wir wünschen euch frohe Weihnachten.

Unser schönstes Geschenk dieses Jahr ist eine Tochter.

Unsere größte Ehre ist, ihr zu sagen: ›Du gehörst zu unserer Familie.‹

Unser größter Segen ist zu wissen, dass Liebe nicht von Perfektion abhängig ist.

Unsere größte Hoffnung ist, dass ein anderes Baby gekommen ist, um uns Gottes Liebe zu zeigen.«

Es war Mitte Januar 2014, als wir einen neuen Eintrag in unserem Familienbuch hatten. Eine ganz neue Geburtsurkunde für Pia. Es bewegt Christoph immer noch, darüber zu reden. Es ist nicht selten, dass er diesen Moment in seinen Predigten erwähnt. Weil auf diesem Papier nur noch unsere Namen standen: Mutter: Rebecca Dernelle-Fischer, Vater: Christoph Fischer. Für ihn ist es, als wenn Gott sagt: »Du bist jetzt mein Kind, alles, was vorher auf dem Papier stand, ist jetzt weg.«

Und so lag endlich der letzte Schritt der Adoption hinter uns. Mich bewegten diese Gedanken: »Pia, wir haben dich gewollt, genauso, wie du bist, und wir haben dich lieb …. Du gehörst zu unserer Familie, kein Mensch wird das jemals ändern können. *Unanfechtbar – unwiderruflich* und von ganzem Herzen.«

4. Und so lebt sich's bei Fischers

ENDE 2008 WAR IN MIR der erste Wunsch nach unserem dritten Kind geboren und 2014 war es endlich soweit: Pia Hope Barbara Fischer stand endgültig in unserem Familienbuch. Der Prozess war lang gewesen und emotional. Als es dann tatsächlich wahr geworden war, als ich verstand, dass sie jetzt auch aus rechtlicher Sicht unser Kind war, kam bei mir eine enorme Freude, Entspannung und auch Müdigkeit hoch. Ich war platt. Pia war größer, aber ich konnte immer noch keine Nacht durchschlafen und die ganze Spannung hatte mich viel Kraft gekostet. Ich war froh und erledigt. Es brauchte Zeit, Geduld, Unterstützung von meinem Mann, meinen Freunden, meiner Familie und eine gute Therapeutin, um aus der Müdigkeit herauszukommen. Ich lernte peu à peu, meine Grenzen zu erkennen, immer wieder nein zu sagen (auch zu meinen zu hohen Erwartungen an mich selbst), anzunehmen, dass ich nicht alles schaffe. Ich hatte so lange mit so vielen Bällen jongliert, hatte versucht, die Balance zu halten, aber jetzt waren die Bälle zu groß geworden und es war Zeit, ein paar Muster zu durchbrechen. Manche Bälle loszulassen und zu lernen, den Alltag zu genießen.

Oh, ja, ich bin manchmal immer noch sehr müde am Abend. Und manchmal flüstere ich beim Abendgebet um 19 Uhr: »Oh Herr, deine Gnade bitte ...« Aber ich versuche mich zu erinnern, dass die Kraft nur für heute reichen muss. Wenn ich am Abend ganz fertig ins Bett falle, dann fängt am nächsten Morgen ein anderer Tag an, mit neuer Energie. Wenn die Gedanken um Pias Zukunft mich besitzen wollen, dann versuche ich immer zu denken: »Bis jetzt ist alles gut gewesen, du wirst die neuen Fragen lösen, wenn sie kommen, wenn du dir vorher darüber

den Kopf zerbrichst, rauben dir die Ängste deine Lebenskraft.«
Ja, ich übe immer noch daran. Ich habe auch meine Pläne, zu
promovieren, in den Kühlschrank gesteckt. Jetzt gerade brauche ich es nicht, mein Leben ist voll mit Projekten, die mir
gefallen und die meinen Leidenschaften, meinen Begabungen,
aber auch meinem Lebensstil entsprechen. Christoph unterstützt mich gut. Und meine Arbeit als freiberufliche Psychologin (und Autorin) passt gut in unseren Familienalltag. Ich
liebe es, wenn meine Töchter am Tisch neben mir sitzen und
wir alle kreativ werden. Ann-Céline strickt, näht, spielt wunderschön Gitarre. Emma besitzt eine enorme Fantasie und ihre
Geschichten und Bilder sind einmalig. Und Pia? Die Kleine
malt auch super gerne und besonders Männchen, die sie alle
»Ohas« nennt, und kleine »Atze« Katzen. In ihrem Papierver-
brauch übertrifft sie uns alle.

Ich finde den Wert im Hier und Jetzt und suche ihn auch
ganz bewusst. Meine Therapeutin hatte mich auf die Idee
gebracht, manche Fotos ausdrucken zu lassen, Fotos von
dem, was mir wichtig ist, was ich mag. Plötzlich sah ich meine
Bilder an und dachte: »Oh, die berühren mich, die gefallen mir
wirklich.« Und so fing ich an, regelmäßiger zu fotografieren.
Ich bekam Weihnachten 2014 einen neuen Fotoapparat und
trage ihn überall mit mir herum. Ich entdecke unzählige kleine
Schönheiten um mich herum. Ich fotografiere auch, um mich
nicht mehr so in meinen Zukunftsängsten zu verlieren und
die Vergangenheit zur Ruhe kommen zu lassen. Meine Kinder
helfen mir dabei sehr. Sie wachsen so schnell und Glück ist so
empfindlich, manchmal beachten wir gar nicht, wie schön ein
Moment ist…. Und rasch ist er schon vorbei. Pia wacht auf,
lebt, lacht, grüßt alle Leute beim Einkaufen. Sich beeilen, wozu?
Pias Wert liegt nicht in dem, was sie schafft oder wie schnell sie
ein Ziel erreicht. Als sie zum ersten Mal allein auf den Füßen

Während ich am Manuskript dieses Buches arbeite, malt und schreibt Pia neben mir.

stand, haben wir einen Freudentanz gemacht. Wir vier Mädels im Wohnzimmer, mit *jippie, hurra* und so weiter. Sie war längst über der Zeit, wenn ein Kind »normalerweise« allein aufsteht, aber bei uns war die Freude desto größer. Sie strahlte und wir konnten nur noch klatschen und tanzen. Es erinnert mich daran, dass mein Wert auch nicht davon abhängt, wieviel Erfolg ich im Leben habe, ob ich meinen Alltag meistere oder eher nicht. Ich schaue Pia an, sie lacht, mit ihren Zähnen, die so spät gekommen sind. Ich sehe ihren Windelpopo wackeln, wenn sie mit einem Lächeln wegrennt. Ich vertraue ihrer Fähigkeit, im Leben vorwärts zu kommen. Sie ist halt manchmal langsamer, na und? Sie hat 47 Chromosomen, na und? Sie ist meine Tochter und ich bin stolz auf sie! Sie kann nerven? Ja, manchmal! Sie spielt Theater? Ja, manchmal! Sie will nicht immer gehorchen? Nein, will sie nicht immer. Muss ich ab und zu schimpfen? Ja, klar! Tut sie ihren Schwestern weh? Ja, das passiert auch. Klingt normal, oder?

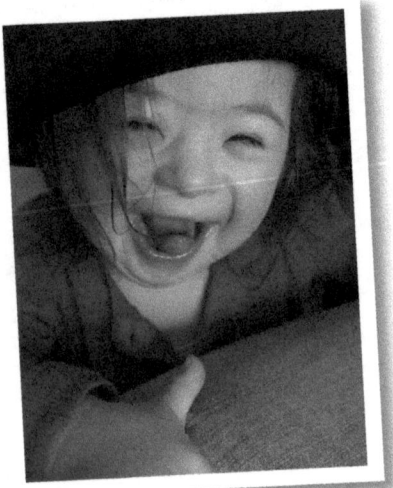

»Mama, wenn Pia lacht, machen ihre Augen Regenbogen.«
Ann-Céline, 11

Es ist Pia, Pia, die ihren Charme benutzt, um überall zu strahlen, wohin sie geht. Sie besucht jetzt seit einem Jahr einen Kindergarten und freut sich jeden Morgen, hinzufahren. Ab und zu sagt mir jemand: »Ich habe Pia im Kindergarten gesehen, sie ist so süß.« Und da kann ich nur zustimmen.

Ja, ich bin eine stolze Mama, ich habe drei tolle Töchter. Über die Jahre hat sich eine ganz schöne Geschwisterbeziehung zwischen den Mädchen entwickelt. Ich liebe es zu sehen, wie Ann-Céline und Emma mit Pia leben, spielen, lachen, schimpfen, Quatsch machen, ab und zu auch schreien, aber öfter kuscheln… Pia rennt immer so gerne zu ihren Schwestern, wenn sie von der Schule nach Hause kommen.

Einmal sah ich, wie Pia sich mit beiden Armen an Ann-Célines Beine klammerte und Ann-Céline sich zu ihr beugte und antwortete: »Ich habe dich auch lieb, Pia.« Es war so berührend, weil Pia keine Wörter benutzt hatte, aber es war glasklar, was sie meinte, und Ann-Célines Reaktion hatte alles so schön zusammengefasst. Ich nahm Ann-Céline in meine Arme und sagte: »Ich habe dich auch lieb.« Wir achten immer wieder darauf, dass unsere großen Mädels nicht zu kurz kommen. Dass sie sich nicht immer um Pia kümmern »müssen«, dass sie Zeit ohne ihre kleine Schwester genießen können, dass sie nicht zu sehr wie »kleine Mamas für Pia« werden. Wenn wir etwas planen, achten wir darauf, dass jeder davon profitiert. Das ist doch alles wie eine ganz normale Familie, oder? Und für später? Wenn wir vielleicht nicht mehr da sind, um für Pia zu sorgen? Erwischt! Das ist genau die Frage, die ich heute nicht lösen muss. Wir haben uns von Anfang an entschieden, keinen Druck auf unsere zwei großen Töchter auszuüben. Wer sich später um Pia kümmern wird, ist noch offen. Aber es sollte keine Pflicht sein, es sollten keine »Schuldgefühle« entstehen, wenn Ann-Céline oder Emma diese »Aufgabe« nicht annehmen wollen. Als ich im Wohnheim gearbeitet hatte, war ich immer beeindruckt von den Netzwerken um die Personen herum (manchmal war ein Neffe einfach die Hauptperson geworden). Also, wir werden sehen.

Bis jetzt kann ich gut damit leben, dass ich nicht alle Antworten für später habe. Jeder Tag bringt etwas mit sich, manche Tiefe, manche Höhe und immer wieder Überraschungen. Pia ist meistens gut gelaunt. Klar hat sie ihre Momente, wo sie bockig sein kann, wo sie uns in die Ohren schreit, wo sie einfach nicht gut drauf ist. Aber ganz oft ist sie wie ein Sonnenstrahl. Besonders, wenn ich mit ihr unterwegs bin. Sie grüßt beim Einkaufen alle Omis, sagt: »Hallo«, schüttelt die Hand, winkt, und so weiter (eine kleine Königin mit guten Manieren). Es ist für mich praktisch unmöglich geworden, schnell einzukaufen, Pia grüßt, die Leute sprechen mich an und das mehrmals hintereinander, also rasch rein und raus geht nicht mehr. Und es überrascht mich immer wieder, wie feinfühlig und freundlich Pia dabei ist. Beim Einkaufen kürzlich stöhnte ein Mann unruhig neben uns. Ich dachte: »oh, wie nervig«. Pia sah ihn direkt an und sagte ein klares: »Hallo«, er drehte sich um, murmelte etwas Nettes zwischen den Zähnen und ging hinkend weiter. Jetzt hatte ich verstanden, er hatte anscheinend starke Schmerzen im Bein und deswegen wirkte er so unangenehm. Pia hatte das gespürt oder gesehen und ihn liebevoll gegrüßt. Hut ab, Kleines! Da hast du mehr kapiert als ich.

Ein anderes Mal kam uns ein älterer Mann entgegen, an einem Sonntagmorgen, als wir gerade zur Kirche gingen. Er war so düster, ich dachte: »Oh, là, là, den darf man nicht ansprechen.« Pia sah ihn und winkte ihm, bis er den Blick hob, er schaute sie an, sein Gesicht veränderte sich und er fing an zu lächeln. *Na sowas!* Pia und ihre »Joy sparkles« (die kleinen Funken Liebe und Freude, die sie auf ihrem Weg verteilt): da ein »Hallo«, dort ein Handschlag, da ein Kuss… Ja, sie ist nicht immer gut gelaunt und sie kann auch in 30 Minuten dauernd nur Nein antworten, aber wenn sie lacht, kann sie jeden mit ihrem Lächeln anstecken. Wenn wir Besuch bekommen, beobachten die Leute Pia immer gerne, was sie macht, wie sie reagiert. Und ganz oft strahlt sie. Vor zwei Jahren hatten wir ein paar Tage zwei Musiker als Gäste. Ich habe die beiden von Herzen gerne, vor und nach dem Gottesdienst und Konzert waren sie bei uns. Uwe schnappte sich eine Gitarre und sang vor sich hin. Pia nahm eine Ukulele und fing auch an zu singen. Der Bassist saß in einer Ecke und bastelte an seinem Bass. Er sagte nicht viel, aber er beobachtete die Kleine und irgendwann sagte er zu Uwe: »Nun hat der liebe Gott endlich mal ein Gesicht.« Ich kann diesen Satz nicht vergessen, er schmeckt so gut, es war ein Moment voller Wunder. Es erinnerte mich an unsere eigenen Worte: »Und wenn sie lächelt, lächelt uns Jesus ein bisschen mit an.« Diese Augen, die so schön lachen, die Stupsnase, die lange Haare, ihre kleinen Hände, ja, ein kleines Stück vom Himmel auf der Erde.

So hat sich Pia in ganz viele Herzen geschlichen. Bei uns, in unseren Familien, in unserer Gemeinde, in ihrem Kindergarten, in unserer Stadt und auf Facebook. Ihre Adoption wirkt auf mich wie ein großer Stein, der ins Wasser fällt und Wellen erzeugt, viele kleine oder große Wellen, die sich ausbreiten. Meine großen Töchter würden sicher ans Schwimmbad denken, wie sie rennen, »Arschbombe« schreien und ins Wasser springen und es spritzt in alle Richtungen und das Wasser bewegt sich noch eine Weile. Es fängt damit an, dass manche Leute Trisomie 21 im Alltag entdecken. Wie das Leben dieser »armen behinderten Kinder« tatsächlich ist. Viele junge Leute aus unserem Umfeld verfolgen genau, was bei uns geschieht, und stellen fest: »So schlimm ist es gar nicht.« Nein, das Leben wird nicht zum Alptraum, wenn du ein Kind mit Behinderung hast. Das erleben sie, wenn sie Pia treffen, wenn sie ihre Fortschritte verfolgen, von ihr lesen und unsere Bilder sehen.

Bis jetzt habe ich keinen der erwarteten »schrägen Blicke« Pia gegenüber gesehen. Vielleicht sehe ich auch nur die Leute, die sie anstrahlen, ihr Komplimente machen. Ich habe in den Augen der anderen nie so etwas wie »oh, arme Eltern« gespürt. Die Reaktion auf Pias Ankunft und Leben bei uns waren und sind sehr positiv. Es hat sogar einen breiteren positiven Einfluss, als ich es je gedacht hätte. Frau Schmidt hatte uns gesagt: »Sie setzen ein Zeichen mit Pias Adoption, sie haben beide einen Beruf, der viel mit Öffentlichkeit zu tun hat. Sie werden beobachtet werden mit ihrer Pia.« Okay, das kannte ich und konnte damit leben, aber ich hatte nie geahnt, welche Konsequenzen es haben würde, eine schöne Überraschung. Zum Beispiel Pias Geburtsanzeige, diese Karte mit ihrem Bild und unserem Text. Es gibt vier Jahre später immer noch Menschen, die mich darauf ansprechen. Selbst, wenn ich einfach einen Termin beim Frauenarzt ausmache. Am Telefon sagte mir die Assistentin neulich: »Frau Dernelle-Fischer, wie geht es Ihnen und Pia? Ich sehe die Karte immer wieder, sie hängt immer noch an unserer Wand.« Immer noch höre ich Leute, die mir sagen: »Wenn ich

Ann-Céline, Emma und Pia sind ein echtes Team; es ist das Schönste auf der Welt, sie zusammen zu beobachten.

eure Karte anschaue« oder: »sie steht immer noch auf meinem Kühlschrank«. Als Christoph neulich eine Andacht im Altenheim hielt, wurde er darauf angesprochen. Und kürzlich sagte eine unserer geliebten Seniorinnen aus unserer Gemeinde: »Rebecca, ich habe eure Karte noch und bete jeden Tag für die kleine Pia.« Was soll ich sagen? Freude und Dankbarkeit breiten sich in mir aus, von meinen Haarspitzen bis zu meinem kleinsten Zeh. Wir sind getragen, Pia ist getragen und geliebt. Das ist so schön zu spüren.

Dieses Jahr bin ich dreimal eingeladen geworden, um über Pias Adoption mit jungen Menschen, die ein Freiwilliges Soziales Jahr machen, zu reden. Im Büro der Organisation hing immer noch Pias Karte und so dachte das Team: »Wir könnten Frau Dernelle-Fischer einladen, um über das alltägliche Leben mit einem behinderten Kind zu sprechen.« Ich bin sehr gerne hingegangen, habe erzählt, Bücher von Conny Wenk mitgenommen und Bilder von unserer Familie gezeigt. Dann habe ich erzählt, ganz offen, von allen Tiefen und Höhen und von unserer Freude. Ich wollte diesen Mädels und Jungs einfach Mut machen, ihr eigenes Leben zu leben, nicht immer dem zu folgen, was die Gesellschaft als »cool/gut/wertvoll« vorgibt. Und ein paar Wochen später, in der Bäckerei, drehte sich eine junge Frau zu mir um und sagte: »Das ist Pia, oder?« »Ja, und Sie sind?« Aber dann erkannte ich sie und wusste: »Hey cool, Sie waren bei den jungen Leuten dabei.«

Ich rede gerne über Pias Adoption, nicht weil wir dabei besonders »heldenhaft« rüberkommen (dafür bin ich ein bisschen zu ehrlich mit meinen »Schwierigkeiten«), sondern weil ich weiß, dass ich Samen in die Herzen pflanzen darf. Oder sogar manchmal auch eine Bombe fallen lassen kann, damit das Publikum über seine Vorurteile nachdenken muss. Tief in mir träume ich davon, dass einer dieser Kinder und Jugendlichen, die Pias Adoption hautnah miterlebt haben, mir später einmal eine Nachricht schreibt mit den Worten: »Wir haben auch ein Kind mit Down-Syndrom adoptiert.«

Aber eigentlich brauche ich nicht zu warten, um zu spüren, dass Pias Adoption, Leben und Lachen Wellen schlagen. Es kommen ab und zu Mails oder Nachrichten, die mich berühren und mich mit tiefer Dankbarkeit erfüllen. Da schaue ich zum Himmel und flüstere: »Danke, himmlischer Vater, dass ich das mitkriegen darf.« Eine dieser Nachrichten lautete: »Hallo Rebecca. Ich denke derzeit viel an euch und eure kleine Pia. Sicher haben deine Beiträge in Facebook dazu beigetragen, dass ich jetzt in der Schwangerschaft keine besonderen Untersuchungen machen lasse. Ich werde auf Gott vertrauen. Dachte, ich muss dir das einfach mal schreiben. Auch wenn das Baby nicht ist, wie die Gesellschaft es gerne hätte, dann wird es mit Liebe angenommen.« Ich las es mit Tränen in den Augen. Weil diese Frau nicht mehr ganz so jung war, galt ihre Schwangerschaft als »Risikoschwangerschaft«. Ich fand ihre Einstellung so schön, so vertrauensvoll. Und wenn wir dabei nur ein ganz bisschen geholfen haben, dass sie sich nicht zu viel Sorgen machte, wenn unsere Bilder und Geschichten ihr ein Stück Frieden gegeben haben, dann war es mir eine Ehre und Freude und ich bin glücklich, es mitbekommen zu haben.

Und so bekommen wir schon heute manche Geschichten mit, die wie Wunder sind. Wunder, die zeigen, dass Gott Pias Adoption benutzt, um andere Leben, Familien zu prägen. Einmal kam ein dicker Umschlag mit der Post, darin war ein Brief, den ich nie vergessen werde. Meine Freundin erklärte darin, wie unsere Geschichte ihr und ihrem Mann unfassbar Mut gemacht hatte, auch ihre Bewerbung als Adoptivfamilie weiter zu verfolgen. Wie dieses eine kleine Bild von Pias Hand auf meinem Arm ein Zeichen von Gott war, damit sie weiter machten in einem Prozess, der nicht einfach war. Wie es ihnen die Kraft gab, die Prozedur weiter durchzuhalten. Wie sie einen Anruf bekamen, und dann ein kleines Mädchen bekamen und adoptierten. Ich las und war sehr bewegt, ja, ich wusste dass sie ein Mädchen adoptiert hatten, aber ich wusste nicht, wieso sie immer sagte, dass unser Wunder zu ihrem Wunder geführt hatte. Und mein Herz ist voller Licht, wenn ich an diesen Brief, an diese Geschichte denke.

Manchmal frage ich mich, ob wir noch ein Kind adoptieren könnten. Ab und zu rede ich mit Christoph darüber, aber wir sind uns einig, dass wir gerade alle Hände voll zu tun haben und dass es nicht der richtige Moment wäre. Ich teilte diese Gedanken mit einem ganz lieben Freund, einem der bei mir »reinreden darf«, einem von meinem Sicherheitsnetzwerk (wie ich es am Anfang dieses Buch nannte). Uwe meinte: »Becky, vielleicht adoptierst du nie mehr ein Kind, aber vielleicht ist es jetzt dran, anderen Babys zu helfen, indem du Familien Mut machst, sie berätst…« Und in der Tat, seit diesem Gespräch habe ich schon ein paar »Babys bekommen« und ich freue mich darüber. Ich konnte miterleben, wie Leute sich darüber Gedanken machten, ein Kind aufzunehmen (mit einer schweren Krankheit oder mit einer Behinderung, als Adoptiv- oder als Pflegekind). Ganz ehrlich, mir ist es eher egal, wenn Leute uns sagen: »Wie mutig, wie toll… da habt ihr eine Aufgabe übernommen«… (und übrigens, nein, wir haben keine Aufgabe übernommen, wir haben ein Kind aufgenommen). Aber wenn ich dann eine Mail bekomme, die lautet: »Wir denken auch an die Adoption eines Kindes, das als ›schwer vermittelbar‹ gilt, können wir euch treffen? Können wir mit euch reden?« Da explodiert mein Herz, da denke ich: »wow, wie cool!«. Ich öffne gerne mein Haus, erzähle auch gerne unsere Geschichte, offen, authentisch, ich färbe nicht alles rosarot… es ist einfach so schön, ein bisschen Wind in die Segel anderer Leute zu pusten. Und ihnen auch klar vor Augen zu stellen: »Wir sind weder perfekt noch vorbildlich, aber es passt, es war unser Weg, vielleicht ist es auch euer Weg?«

Letztens besuchte ich eine Familie in Frankreich, die auch ein Kind mit Down-Syndrom adoptiert hat. Als ich Pias Windeln mal wieder zu spät wechselte und sie ganz umziehen musste, redete ich mit der Mutter (die auch ein bisschen verrückt ist wie ich und ein Buch über Maries Adoption geschrieben hat (»Tombée du nid«). Wir lachten über das, was die Menschen über unser Leben denken, und über unsere letzten Katastrophen als »Mütter, die nicht alles im Griff haben«. Sie schaute mich dann kurz an und sagte: »Dass manche mich kritisieren, finde ich okay, ich kann damit leben, aber dass manche Leute uns so loben und denken, wir seien so wunderbare Menschen, fast Heilige, damit komme ich nicht klar.« Genau diesen Satz hätte ich auch sagen können. Es ist eine meiner größten Ängste, dass Menschen um uns herum (egal ob in Facebook oder in der Realität) anfangen, uns auf ein Podest zu stellen und tun, als ob wir etwas ganz Besonderes seien. In Wirklichkeit sind wir nur Menschen, die versuchen mit Gottes Hilfe ihre Werte zu leben, nicht mehr, nicht weniger. Und ich treffe jeden Tag Leute, die genau dasselbe auf ihre eigene Art tun (indem sie ihre Arbeit gut machen, ihre Eltern im hohen Alter unterstützen, sich entscheiden, dankbar zu leben trotz schwerer Diagnose, Bücher schreiben, ihrer aus dem Krieg geflüchteten Nachbarsfamilie helfen, Lieder gegen Kinderprostitution singen…). Und dank Pia habe ich in den letzten Jahren unfassbar schöne Begegnungen gehabt, die dann wunderbare Freundschaften blühen ließen. Oft begann es mit einem Text, den ich gelesen oder einem Lied, das ich gehört habe. Wahrscheinlich, weil Worte mich besonders berühren. Ich erinnere mich, wie ich zum ersten Mal Christoph Zehendners Lied: »Sei willkommen, Menschenkind« hörte und Gänsehaut bekam. Ein Lied, das er für seine Freunde und ihren Sohn geschrieben hatte, und das ich dank meiner Schwiegermutter entdeckt habe. Als ich mich bei Christoph für sein Lied bedankte, kam ein paar Tage später die CD mit dem Lied darauf mit einer lieben Karte zu mir per Post geflogen. Er machte mich auch auf den Neufeld Verlag aufmerksam, auf David Neufeld und seine Familie, indem er mir ein Interview mit David schickte. Und es begeisterte mich, wie David von seinem Verlag und dem Leben mit zwei adoptierten Jungs mit Down-Syndrom erzählte.

> *»Gott selbst schickt seine besten Kräfte,*
> *stellt Engel auf, die nach dir sehen,*
> *nichts Böses darf mit dir geschehen.*
> *Sollst dich, wie du es kannst, entfalten.*
> *Ein Kind, von Gott im Arm gehalten,*

»Stellen Sie sich ein Welt vor, in der jeder willkommen ist!«

bleibst du – unendlich tief geliebt –
wie schön, dass es dich gibt!

Sei willkommen, Menschenkind,
hier ist für dich Platz.
Bist nicht so, wie die andern sind.
Und doch ein großer Schatz.«

»Ein großer Schatz«: Diese Worte, die das ausdrücken, was das Herz spürt. Wie bei diesem Text von Caroline Boudet, Mutter der kleinen Louise, die unerwartet mit Trisomie 21 geboren wurde. Sie schrieb eines Mittags auf Facebook ein »Plädoyer« für unsere Kinder. Hier ist ihr Text (den ich mit ihrem Einverständnis mit euch teilen möchte):

»Louise ist meine Tochter. Sie ist vier Monate alt, hat zwei Arme, zwei Beine, schöne dicke Wangen und ein extra Chromosom noch dazu.

Bitte, wenn Ihr eine kleine Louise trefft, fragt ihre Mutter nicht: ›Hat man das nicht schon während der Schwangerschaft festgestellt?‹ Entweder hatte man es festgestellt und die Eltern wollten ihr Kind behalten. Oder man hatte es nicht gesehen und die Überraschung war ohnehin schon groß genug, dass man nun nicht noch ständig daran erinnert werden muss. Außerdem hat doch jede Mama die seltsame Neigung, sich für alles und nichts schuldig zu fühlen. Über ein Chromosom mehr, das unbemerkt geblieben ist, brauche ich da nichts mehr zu sagen.

Sagt dieser Mama nicht: ›Es ist trotz allem Ihr Baby.‹ Nein. Es ist mein Baby, Punkt. Und ›Trotz allem‹ ist doch ein hässlicher Vorname, ich habe Louise viel lieber.

Sagt dieser Mutter nicht: ›Da es ein kleiner Downie ist... und so weiter.‹ Nein. Es ist ein kleines Mädchen, das vier Monate alt ist und das Down-Syndrom hat. Sie besteht nicht aus diesem 47. Chromosom, sondern sie hat es einfach.

Sagt ihr nicht: ›Die sind alle so oder so‹. ›Sie‹ haben alle ihren eigenen Charakter, ihr eigenes Erscheinungsbild, eigene Vorlieben und einen eigenen Werdegang. Sie unterscheiden sich ebenso voneinander, wie Ihr Euch von Euren Nachbarn unterscheidet.

Ich weiß, man denkt nicht daran, wenn man nicht damit lebt. Worte sind dennoch von großer Bedeutung. Sie können trösten oder verletzen. Also, denkt daran, nur eine kurze Sekunde (besonders, wenn Ihr einen medizinischen Beruf habt und einen weißen, rosa oder grünen Kittel tragt).

Ich mache meinen Facebook-Status eigentlich nie für alle sichtbar, doch hier mache ich eine Ausnahme. Ihr könnt diesen Text teilen, wenn ihr wollt. Denn jedes Jahr gibt es (in Frankreich) 500 neue ›Mütter von Louise‹. Und manche Wörter können ihnen den Tag verderben. Ich weiß, das ist nicht böse gemeint. Es genügt, es sich bewusst zu machen.«

Ich las den Text und er sprach mich gleich an. Ich schrieb Caroline sofort eine Nachricht, um mich bei ihr zu bedanken, sie antwortete und seit dem Tag haben wir nicht mehr aufgehört, miteinander zu reden. Innerhalb weniger Stunden hatte ihr Text einen riesigen Hype in den Medien verursacht und war um die Welt gegangen. Und aus unserem kleinen Gespräch entstand eine tolle Freundschaft, wie ein Geschenk des Lebens. Caroline schrieb ein Buch über Louise und ihre Geburt, das Leben mit ihr. Wir haben uns dann auch getroffen, und unterwegs haben wir uns oft gegenseitig beim Schreiben motiviert und Mut gemacht. Wir verstehen uns gut und haben uns dank unserer »besonderen Töchter« kennengelernt. Ich mag diese Nebeneffekte von Pias Dasein in unserem Leben. Sie öffnet mir Türen, die ich nie gesehen hätte, sie weitet unseren Horizont. Sie macht mich so viel reicher!

Wisst ihr, manchmal schaue ich Pia an und denke an alles, was wir erleben. An die Höhen und Tiefen, an ihre Fortschritte, ihre strahlende Art. Ich bin nicht blind; wenn sie neben gleichaltrigen Kindern steht, merkt man, dass ihre Entwicklung langsamer ist. Aber das ist nicht schlimm, sie wächst, lernt und geht voran. Sie lebt, lacht, macht Blödsinn, Witze, rennt, gibt Küsse, betet, all das und noch mehr. Während ich mich freue, dass sie bei uns ist, tut mein Herz weh, wenn ich an die anderen Kinder denke: die mit Down-Syndrom, die noch auf eine Familie warten, die, die auf die Welt sind und als »ein Fehler« angesehen werden, die, die nie geboren wurden … Ich schaue Pia an und verstehe nicht. »Was ist so falsch an ihr, dass sie nicht leben sollte?« »Was stellt sie an, das erklären könnte, dass man sie einfach nicht haben will?« Das schmerzt mehr, als ihre Windeln wechseln zu müssen, wo sie doch schon vier Jahre alt ist.

Was ist das für eine Gesellschaft, die die Schwäche nicht will? Wir haben alle Schwächen. Wenn wir sie nicht respektieren, sie nicht annehmen, dann bringen wir uns selbst um. Warum sollten wir Menschen aussortieren? Weil es weniger kostet? Weil es für die Krankenkasse eine Last ist, Pias Sprachtherapie zu bezahlen? Weil ihr Platz in einem genialen Sonderkindergarten mit einem tollen Team ein Vermögen kostet? Weil die Leute denken, dass sie weniger glücklich wird als meine anderen Töchter, als »normale« Leute? Weil ihr Leben weniger wertvoll sein sollte?

Während meines Studiums habe ich meine Diplomarbeit über das Thema »Geistige Behinderung, soziale Wahrnehmung und Eugenik« geschrieben. Es ging um historische Fakten und um die Frage, wie Menschen mit geistiger Behinderung behandelt worden sind und wie heute eugenische Gedanken langsam wieder auftauchen. Und ich erschrecke regelrecht, zu sehen, dass das, was für mich vor bald zwanzig Jahren nur eine Zukunftsvorstellung sein konnte, inzwischen ganz nah rückt. Wie die Gefahr einer systematischen Sortierung in »Gesunde« und »Behinderte« besteht. Es ist nicht das Ziel meines Buches, auf die Barrikaden zu gehen. Aber hier am Ende möchte ich meinen Herzensschrei teilen. Er lautet:

»Pia lebt und sie ist ein wunderschöner Mensch. Bitte gebt ihr Raum in unserer Gesellschaft. Versucht nicht, zu beurteilen, wer wertvoll ist oder nicht, wer leben darf oder nicht, wer gut genug ist oder nicht. Wir brauchen einander, auch die Menschen mit Behinderung.«

Ja, wir brauchen einander, so wie wir sind. Und jeder von uns kann dazu beitragen, unsere Welt ein bisschen zu verändern.

Ich möchte dieses Buch mit dem Motto meines Verlags abschließen, weil es auch mein Wunsch ist: »Stellen Sie sich eine Welt vor, in der jeder willkommen ist!«

Schlussgedanken

Liebe Pia,

am Ende dieses Manuskripts mag ich dir etwas sagen. Irgendwann wirst du sicher auch dieses Buch lesen. Vielleicht wirst du mich dann mal fragen, warum ich unbedingt unsere Geschichte, deine Geschichte schreiben wollte. Erinnerst du dich an dieses Laternenfest im Kindergarten? Als wir drin geblieben sind, weil es draußen so trüb war. Wir haben einen Kreis gemacht und gesungen und ihr Kinder seid mit eurer Laterne immer wieder in unsere Mitte gelaufen. Du bist einfach nicht mehr vom Zentrum weggekommen. »Und jetzt die Jungs?« Und da liefst du noch so froh und so stolz auf deine leuchtende Laterne. »Und jetzt die eingeladenen Geschwister«, aber die Pia hat nicht nachgelassen. Du wolltest einfach deine Laterne vorführen und recht hattest du, sie war so schön! Und ich liebe unsere Geschichte mit dir so sehr. Sie ist wie deine Laterne, sie ist bunt, sie strahlt im Dunkeln, sie gibt mir Freude und Frieden und sie leuchtet. Ich möchte so gerne, dass du immer weißt, wie froh ich bin, dass du zu unserer Familie gehörst. Und dieses Buch habe ich deswegen geschrieben, ich möchte es teilen, dein Lächeln teilen, unseren Weg zu dir teilen.

Und am liebsten immer wieder sagen: »Wisst ihr eigentlich, wie Pia zu uns kam? Hört mal gut zu!«

Ja, Pia, dieses Buch spricht von dir und deinen Schwestern, von mir und deinem Papa, und auch von Gott. Es geht um *Liebe*.

Ja, Gott war immer bei dir, er hat dich wie seinen größten Schatz behandelt, weißt du, er hat eine große Schwäche für dich. Und er wusste, wie er dich zu uns bringen könnte, und niemals, niemals hat er dich verlassen, keine Millisekunde.

Er hat uns ein großes Geschenk gemacht. Und Papa und ich, wir finden dich »wunderprettytoll« und dich zu haben, ist wie im Lotto zu gewinnen. Du machst uns reich, nicht mit Geld, aber mit etwas viel Wichtigerem: Liebe, Lächeln, Sanftheit, Schönheit, Humor, Glauben, Vertrauen ...

Das gilt auch für Ann-Céline und Emma, auch sie sind wunderschöne Geschenke von Gott. Und die beiden haben dich von Anfang an geliebt, und sie haben Platz für dich gemacht. Ihr gehört zusammen. Siehst du, wie sie mit dir reden, mit dir teilen, wie sie dir Mut machen, wie sie dich süß finden, wie sie auch mal mit dir schimpfen? Sie sind genial, oder? Ihr seid alle drei einzigartig und wenn ihr lacht, dann strahlt die Sonne, rieselt der Schnee, spielt der Wind mit einem Klangspiel, erfrischt der Regen die trockene Erde. Unsere Liebe für euch steht fest, und ja sicher, selbst wenn ihr auch mal Blödsinn macht.

Pia, gerade bist du eingeschlafen, deine Füße berühren mich, du schnarchst ein bisschen. Deine langen Haaren kleben an deinen Wangen und du saugst immer wieder an deinem Schnuller. Mein Herz füllt sich mit Dankbarkeit, so sehr, dass ich manchmal denke, es könnte platzen. Und die Liebe reicht, immer, seit jetzt vier Jahren, die du bei uns bist. Ich bin immer noch ein Angsthase und unvollkommen. Ja, ich würde am liebsten dich und deine Schwestern perfekt für das Leben vorbereiten. Und ach, ich versage doch immer wieder. Aber ich kann auf Gott schauen und ihm zuflüstern: »Hilf mir bitte.« Er hält meine Hand ganz fest, so wie ich deine Hand in meine Hand einklemme, wenn wir die Straße überqueren (ein extra Griff, den dein Papa mir gezeigt hat, sanft, aber wirklich praktisch, weil du dich daraus nicht so schnell befreien und wegrennen kannst). Und weißt du, was das Beste ist? Gott hält deine Hand und er ist immer bei dir, deine kleine Hand hat er nie losgelassen.

Schlaf weiter, Pia, kleiner Schatz, du bist geliebt und wunderschön. Schlaf ohne Angst, weil du nicht allein bist.

Und wenn du erwachst, dann lebe, lache, turne, tobe, versuche neue Sachen, genieße, sage nein und auch mal ja, tanze … dein Leben ist wertvoll. Ja, du bist kostbar, gewollt und geliebt. Und Gott wird weiterhin Schönes mit deinem und unserem Leben schreiben.

Je t'aime, Maman
Rebecca, November 2016

Danke

DANKE AN CHRISTOPH, DER MIT mir durch dick und dünn geht. Ich bin der Meinung, dass du das Bundesverdienstkreuz kriegen solltest. Ohne dich wäre ich ziemlich verloren, ich habe dich lieb.

Danke an unsere Mädels: Ihr seid alle drei einzigartig und toll, ihr macht mich ganz stolz. Danke dass ihr mir bei diesem Buch geholfen habt.

Danke an meinen Verlag, an David und sein Team und ganz besonders an Thomas: Dein Beitrag zu diesem Buch ist unbezahlbar (ohne dich könnte der Leser nur ein Drittel meines Textes verstehen), danke für deine geduldige, liebevolle und ermutigende Art. Zu wissen, dass du an meiner Seite warst, hat mich immer weiter gebracht. Danke, dass ihr alle an diesem Buch mitgearbeitet habt.

Danke an unsere beiden Familien: Papa, Maman, Jonathan, Déborah, Elia und Mila, Myriam, Benjamin, Emmie, Julie und Manon, Irmgard, Manfred, Stefan, Mirjam, Benjamin, Emilie, Tom und Jona, Michelle: Eure Liebe und Unterstützung hat uns bei allen Projekten, in Tiefen und Höhen nie verlassen, und das ist ein echter Segen.

Danke an unsere Gemeinde. Mit euch an unserer Seite fühlen wir uns getragen.

Danke auch an Pias Kindergarten und seine Mitarbeiterinnen. Ich konnte morgens entspannt schreiben, weil ich wusste, wie gut es Pia bei euch geht.

Danke an meine Supervisionsgruppe, die Pflegeltern und die Ehrenamtlichen vom Malteser Kinder- und Jugendhospizdienst (denen ich die Hälfte des Titels verdanke).[*]

An meine Therapeutin will ich auch von Herzen danke sagen: Ohne dich würde es dieses Buch nicht geben und ich wäre sicher todmüde unter meiner Decke versteckt.

Auch ein fetter Dank an Uwe X., meinen Heimathafen: »… die eine Seele, die dich trifft und dich erkennt« (»Dein Glück«, Stoppok).

Und danke, danke an eine Schar Freunde und Freundinnen, die ich von Herzen liebe und die mein Leben einfach mit wunderbaren Momenten füllen, die mich gut kennen und trotzdem schätzen. Ihr habt mir Mut gemacht, dieses Buch zu schreiben: Hans-Martin und Susanne, Werner und Brigitte, Ulrich und Heidrun, Christoph Z. (von Herzen danke, ohne dich hätte ich vielleicht nie ein Buch geschrieben), und danke, liebe Mona, Anna-Lisa, Kathrin, Andrea S., Judith (selbst wenn wir uns nicht so oft sehen, schätze ich unsere Freundschaft), mein Cousin Andreas (beim Teilen wird es mehr), auch ein großes Merci an Caroline B. (für dein Verständnis beim Schreiben, deine Mut machenden Worte, oft hast du mich wieder auf die Füße gebracht und immer wieder hast du mir das Ziel vor Augen gehalten), danke an Adrian P. und Christian R. (ich weiß nicht, ob euch bewusst ist, wie wichtig ihr beide wart für meine »Geburt« als Autorin), danke an Vincent B. (du hast mir geholfen, auf meinem eigenen Boden zu blühen). Danke an Li

---

[*] http://www.malteser-freudenstadt.de/dienste-und-leistungen/familien/kinder-und-jugendhospizdienst.html.

K., Michael D. und an Frank S., ihr wart so oft an meiner Seite mit Gebet, Humor und Wertschätzung, und das besonders, wenn ich ganz unten war. Danke an Hélène B. von den »Fabuleuses au Foyer«, unsere Zusammenarbeit hat meinen Worten eine kräftige Dosis Selbstvertrauen eingeflößt. Danke auch an Vincent H. und Clotilde von »tombée du nid«, ihr habt mir geholfen zu verstehen, wie wichtig es ist, unsere Geschichte zu teilen. Und noch ein Dankeschön an Claudia M., dein Einsatz war mir kostbar.

Ich möchte auch unserer Vermittlungsstelle danken, Pias Pflegemama und Pias Vormund: Ohne sie wäre Pia nicht bei uns. Und alles wäre nicht so gut gelaufen. Ihr habt uns reich gemacht.

Zum Schluss möchte ich Gott danken: Immer wieder lächelst du mich an, du warst immer schon da … für mich, mit mir. Du bist ein guter Vater. Was brauchte ich noch mehr (außer weißer Schokolade und Café au lait vielleicht)?

Bücher zum Down-Syndrom aus dem Neufeld Verlag

Silke Schnee/Heike Sistig, *Die Geschichte von Prinz Seltsam*

Eine berührende Geschichte über einen »seltsamen« kleinen Prinzen, die Verständnis weckt für Kinder mit Behinderung. Denn bald merken alle, dass er ein ganz besonderer Mensch ist.

In leuchtenden Farben wird hier ausgemalt, dass es ganz normal ist, verschieden zu sein.

4. Auflage 2015 • 32 S. • DIN A4 • gebunden • ISBN 978-3-86256-010-3
Für Kinder ab 4 Jahren

Holm Schneider, »*Was soll aus diesem Kind bloß werden?*« *7 Lebensläufe von Menschen mit Down-Syndrom*

Vielen Eltern hat diese Frage schon schlaflose Nächte bereitet. Auch den Eltern der sieben jungen Menschen, deren Lebenswege Schneider vorstellt, ging es so, denn ihre Kinder haben eins gemeinsam: das dritte Chromosom 21 in ihren Zellen.

Sieben Lebensläufe, die zeigen, dass Inklusion möglich ist – nicht immer, aber immer öfter.

2. Auflage 2014 • 127 Seiten • gebunden • ISBN 978-3-86256-047-9

Conny Wenk, *Außergewöhnlich*

Down-Syndrom, Trisomie 21: eine Diagnose, die werdende oder auch frisch gebackene Eltern in ihren Grundfesten erschüttert. Und alle Planungen komplett über den Haufen wirft. Wie geht es weiter?

Die Mütter, die Conny Wenk in diesem Buch vorstellt, haben sich diese Frage gestellt. Und dann erfahren, dass ein Extra-Chromosom ihr Leben auch bereichert…

2. Auflage 2015 • 128 Seiten • gebunden • ISBN 978-3-86256-043-1

Außerdem versendet der Neufeld Verlag regelmäßig einen **Down-Syndrom-Newsletter** (newsletter.neufeld-verlag.de).